JN036625

ロジカル筋トレ

超合理的に体を変える

GS

幻冬舎新書

614

はじめに

あなたは「ざんねん筋トレ」で損をしてはいないか

なぜ、これをやるのか――。

どんな仕事や作業でもそうだが、「なぜやるのか」の理由を分かってやっている人とそうでない人とでは非常に大きな差がつく。

何も考えず、決められたメニューを日々こなしているだけでは、なかなか成長が得られないし成果も望めない。一方、自分がやっていることが何の役に立ってどんな結果を生み出すのかといったことを日々考えて取り組んでいる人は、より成長が促されやすいし、より成果も上がりやすくなる。

筋トレでは、こうした「差」が非常に露骨に現われる。

身体パフォーマンスを引き上げるにしても、ボディメークで体を磨き上げるにしても、筋トレで「自分の望むもの」を手に入れられるかどうかは、「なぜ」を考えているかどうかで決まると言っていい。

「なぜ、このトレーニングが必要なのか」「このトレーニングで自分の何が鍛えられるのか」「なぜ、ここを鍛える必要があるのか」「なぜ、このフォームなのか」「このトレーニングは自分の目的に合っているのか」――。

こうした「なぜ」をしっかり考えてトレーニングをしている人は、最短距離で自分の望むものへと近づくことができる。

反対に、「なぜ」をまったく考えていない人は、とんでもなく無駄な遠回りをして、自分の望むものに近づくのに長い時間と労力を要することになる。近づくどころか、パフォーマンスが落ちたりケガをしやすくなったりして、逆に遠ざかっていってしまうこともあるかもしれない。

昨今は筋トレブームだと言われる。本や雑誌ではさかんに筋トレが取り上げられ、NHKでは筋トレ番組が流れ、ユーチューブでは数えきれないほどの筋トレ動画を見ることができる。学校の部活動でもだいぶ筋トレを重視するようになってきているし、フィットネスクラブやスポーツセンターなどで筋トレに取り組む人も、昔とは比べ物にならないほどに増えた。

しかし、こうしたブームの中、トレーニングにいそしんでいる人々の様子を傍《かたわ》らから見ていると、一生懸命がんばっているのにもかかわらず、とんでもなく無駄な遠回りをしてしまっている人がたいへん多い。正直に言うと、私の目から見るとほとんどの人が〝ああ、もったいない！〟〝うわ、どうしてそのフォームで！〟〝えっ、何でそんな意味のないやり方を……〟と思わず叫びたくなるような筋トレをしている。

しかも、一般の人々だけではなく、日々トレーニングで体を鍛えているはずのアスリートにも、間違ったやり方や意味のないやり方をしている人が目立つのだ。

つまり、非常に多くの人がトレーニングへの取り組み方をはき違えていて、「自分の望むもの」をなかなか手に入れることができない筋トレ――「ざんねん筋トレ」に終始してしまっているのだ。

みなさんの場合はどうだろう。

もしかして、みなさんも「ざんねん筋トレ」をしてはいないだろうか。「なぜ」を考えず、意味のないトレーニングや非効率なトレーニングをして、途方もない遠回りをしてしまってはいないだろうか。

「ざんねん筋トレ」チェックテスト

では、ここで簡単なチェックをしてみよう。

「ざんねん筋トレ」をしている人は、日々のトレーニングで次に挙げたような思考パターン・行動パターンに陥っていることが少なくない。ぜひ、胸に手を当てながら、自分に当てはまるかどうかを振り返ってみてほしい。

□筋トレは「何キロ上がるか」がいちばん気になる
□つらくてフォームが崩れてきても、がんばって回数やキロ数（重量負荷）をクリアすることのほうが大事だと思っている
□「ベンチプレス150キロ」「腹筋1000回」といった人の話を聞くと、そのすごさにあこがれてしまう
□バーベルを10回上げると決めたら何としても上げたい

□部活動では「腹筋30回」「腕立て伏せ30回」といったお決まりのメニューを何の疑問も持たずにやってきた
□監督やコーチから「いいからやれ」「つべこべ言わずにやれ」と言われたら、素直に指示に従ってきた
□試合でのパフォーマンスを上げるのが目的で筋トレを始めたけれど、だんだんトレーニングのおもしろさにハマってしまい、いまでは「筋トレをすること自体」が目的になってしまっている
□筋トレは、とにかくがむしゃらにがんばってやりきるものだと考えている
□どんなフォームであろうと、筋トレをやらないよりはやるほうがましだから、見様見まねの自己流でやっている
□腹筋をガチガチに硬くすれば、パフォーマンスが上がると思っている
□腕立て伏せやスクワットは、体を上げ下げするエクササイズだと思っている
□上半身の筋肉を鍛えるのが目的なら、下半身を鍛えるメニューはやらなくてもいいと思っている
□フィットネスクラブでは、インストラクターに言われたメニューを言われたままの

やり方でやっている

□「このトレーニングにはどんな意味があるのか」なんて考えず、ひたすら無心で汗を流している

□筋トレに計画性やプランなど必要ない

□筋トレのフォームが合っているかどうかなんて気にしたこともない

いかがだろう。ひとつでも当てはまれば、「ざんねん筋トレ」の危険性大だ。

おそらく、「けっこうな数の項目が当てはまった」という方が多いのではないか。また、これらの項目のどこが〝ざんねん〟なのかが分からず、疑問だらけで納得のいかない顔をしている人も多いかもしれない。

みなさんのこうした疑問については、第1章以降、順を追ってお答えしていくことにしよう。

手押し車のフォームですべてが分かる

みなさんは「手押し車」をご存じだろうか。

そう。ふたりペアになり、ひとりが腕立てをするように床に両手をつき、もうひとりが両足を持った状態で、床についた手を交互に動かして前進をするトレーニングだ。学生時代、部活や体育の授業などで行なったことがある人も多いはずだ。

そこで質問しよう。みなさんはこの「手押し車」を何を鍛えるためのトレーニングだと思っているだろうか。

そもそも「何のトレーニングか」など考えたこともなかった人が大半だろう。考えたとしても、「腕の力を鍛えるため」「肩周りの筋肉を強くするため」といった回答をする人が多いのではないか。

でも、その答えでは不正解だ。

正解は「力の伝達能力を向上させ、体の連動性を高めるためのトレーニング」。「手押し車」は腕や肩の力だけを使って進もうとすると、すぐに腕や肩が疲れてしまい、ろくに進むことができない。しかし、足の筋肉や腹の筋肉の力を上体に伝えて、全身の筋肉を連動させながら進もうとすると、手や肩の負担が軽減してスイスイと進むことができる。

すなわち、どこか特定の部位を鍛えるトレーニングではない。むしろ一部分にのみ負担がかかるのを避け、全身を連動させて力の伝達をスムーズにするトレーニングなのである。

では、「何のために行なうトレーニングなのか」が分かったところで、次ページのイラストを見てほしい。

上のイラストは「ざんねんな手押し車」のパターンだ。お分かりのように、おなかがだらんと落ち、ひざが折れて、体が大きく湾曲《わんきょく》してしまっている。こういうフォームで行なうと、腹筋も足の筋肉の力も全然使われない。当然、負担が集中する腕や肩だけがひどく疲労することになる。

一方、下のイラストは「ロジカルな手押し車」のパターンだ。こちらは肩―腹―足のラインが一直線になっている。このフォームで行なうと、足の筋肉の力、腹筋の力が上体にスムーズに伝わり、腕や肩にあまり負担をかけず、全身の筋肉の力を使って進むことができる。

言わば、体幹がブリッジ（架け橋）となって下半身の力を上半身に伝え〝下半身の力で肩や腕を動かしている〟ような状態になるのだ。これだと、体の多くの筋肉を連動させて運動をしているため、効率よくスイスイと進むことができ、疲れも少ししかたまらないことになる。

みなさん、お分かりいただけただろうか。このように「ロジカルな筋トレ」と「ざんね

図1 手押し車

●ざんねんな手押し車

おなかが落ち、ひざが折れて、体が大きく湾曲している。
腹筋も足の筋肉も使われず、腕や肩だけが疲れてしまう。

○ロジカルな手押し車

肩－腹－足のラインが一直線。全身の
筋肉の力を使って進むことができる。

んな筋トレ」とでは、同じ筋トレでもかなりの大きな差がついてしまうのである。

手押し車と同じように、筋トレでは「フォームがちょっと違っただけ」「力を入れる方向がちょっと違っただけ」「やり方や考え方がちょっと違っただけ」で、成果に驚くほどの差が生じる。そして、その「ちょっとした違い」による差がパフォーマンスを決定づける分かれ道となることも少なくないのだ。


これまで何も考えず漫然とトレーニングをしてきた人は、ロジカルなトレーニングを身につけていけば効率や成果が驚くほどに変わってくる。その変化は、ボテボテのゴロしか打てなかった平凡なバッターが、見違えるようにホームランを打ち出すくらいの劇的インパクトをもたらすはずだ。

それに、変わるのは効率や成果だけではない。普段からロジカルに考えてトレーニングをしていると、人は生まれ変わったようにスムーズに体を動かせるようになる。体が疲れにくくなり、痛みなどの不調が消え、毎日をより快適に過ごせるようになっていく。

また、体がスムーズに動くと、心にもよい影響が現われ、仕事に意欲が湧いたり、集中力が増したり、新しいことにチャレンジしたりするようにもなっていく。言わば、トレーニングによって、さまざまなフィジカル的・メンタル的メリットが得られるようになっていくのだ。

みなさんもロジカル性を取り入れてトレーニングしていけば、こうした数々のメリットを得て、大きく変わっていくことができる。

「トレーニングの意味合いが変わった！」

私はこれまで、トレーナー、トレーニングコーチとして、数多くのアスリートを指導してきた。指導したアスリートの中には「ロジカルなトレーニングのやり方・考え方」を身につけたことで見違えるように成長し、パフォーマンスを向上させて大きく花開いていった選手も少なくない。

その代表と言えるのが、大リーグのシアトル・マリナーズで活躍中の菊池雄星投手だ。彼に初めてトレーニング指導をしたのは、たしか西武に入団して2年目の頃だったか。そのときに彼が口にした言葉を紹介しておこう。

「高校のときから長いこと筋トレをしてきましたが、ひとつひとつのトレーニングに深い意味があることを初めて知りました。がむしゃらじゃなく『なぜ』を考えて行なうことで、トレーニングの持つ意味合いが変わったんです。ホントに『目からウロコ』でした。ああ、これをもっと早くに知っておきたかった……」

菊池投手は花巻東高校時代から筋トレ好きだった。もともと論理的思考能力の高い菊池投手だが、当時はやみくもにトレーニングをしていたのだそうだ。しかし、私が指導して以降、そこにロジカル性が加わって、自身の投球のレベルアップに必要なトレーニングを、逐一考えて行なうようになった。

投げる瞬間に地面を強く蹴るには何をすればいいか、このバーベル運動にはどんな意味があるのか、下半身の力を上体に伝えるにはどうすればいいか——そういった多くの「なぜ」が彼の日々のトレーニングを意味のあるものにし、彼のパフォーマンスを大きく引き上げることにつながっていった。

もちろん、菊池投手の野球選手としての成功は、彼の並々ならぬ努力のたまものだ。「私のコーチングがよかったせい」などとはまったく考えていない。ただ、彼のトレーニングに対する考え方に影響を与えられたことに関しては、ひとりのトレーナーとして〝けっこういい仕事ができたのではないか〃とも思っている。

話を戻そう。いまは筋トレブームだと言われているが、「ざんねん筋トレ」に終始している人がたくさんいる。深く考えることもなく、フォームを気にすることもなく、やみくもにひたすら筋肉を動かして「トレーニングをしているつもり」になっている人が大勢いる。

私に言わせれば、そういう人々は〝眠りながらトレーニングをしている〃ようなものだ。すなわち、体だけはさかんに動いていても、目も開けていないし、頭も働いていない。もちろん成果もたいして上がらない……。ちゃんと目を開き、頭を使って考えながらトレーニングをすれば、もっと大きな成果を上げられるはずなのに、眠りっぱなしなのは非常にもったいない。

だからみなさん、目を開こう。もう眠っている場合ではない。しっかりと目を醒《さ》まし、しっかりと頭を働かせて「なぜやるのか」を考えよう。

ロジカル性を身につければトレーニングが変わる。菊池投手の言葉ではないが、それまでのトレーニングがひとつひとつ意味のあるものに変わっていく。そして、トレーニングによってよりよいパフォーマンスを発揮できるようになれば、自信がついて自分という人間が変わっていく。

さあ、もう遠回りはたくさんだ。「ロジカル筋トレ」でしっかり成果を上げ、最短距離で「自分の望むもの」を手に入れよう。目を開き、頭で考えたトレーニングをして、自分という人間をよりよいほうへと変えていこう。

推薦のことば――菊池雄星

「トレーニングなどやっても野球は少しも上達しないよ」

これが清水さんに初めて会った時に言われた言葉だ。野球が上達したい一心でこれまでトレーニングに取り組んできた私にとって、この言葉の意味は理解し難いものがあった。

私の目的はより速い球を投げることである。そのために筋トレに励んできたのであるが、清水さんからこんなことを言われた。

「どうしてスクワットをやるの？　それが球速を上げることに何の関係があるの？　それを説明できる？」

私は下半身を強化することが球速を上げることにつながると信じていたが、そう言われると意外に説明ができない。そんな私の困惑を汲み取ってか清水さんから続けてこんなことを言われた。

「脚力を強化したいなら、スクワットじゃなくてレッグプレスでもレッグエクステンションでもいいじゃない？　どうしてスクワットという種目をやっているの？　何が違うの？説明できる？」

もうダメだ、答えられない……というより、どうして今までそんなことも考えずに闇雲にトレーニングをしてきたのだろうとさえ思った。

この答えは、本書の中に記載されているので割愛するが、私が当時、それを知った時には色々なことがつながっていく感覚を覚え、極めて論理的に投球動作や体の使い方、力の伝達の仕方が頭に入ってくるようになった。なるほど、トレーニングで野球が上達するのではなく、トレーニングによって身体能力が向上し、その身体があるから自分がやりたい技術練習をもっと合理的にできて野球が上達するのだ。ただトレーニングをすれば良いのではなく、「トレーニングの根拠」が必要なのである。必ず「理由」があり、それを説明できなければいけないのである。

19歳の時、プロ入り2年目だったが、初めて清水さんの指導を受けた時のことをよく覚えている。本当に衝撃を受け、考え方が変わる入口だった。

いつもやっているトレーニングをやってみてと言われたので、得意のスクワットをやっ

た。120キロのバーベルを10回上げたのだが、渋い顔でそれを見ていた清水さんから言われたのは、

「それは120キロのバーベルを持ち上げる動作だよ。そうではなく、体重プラス120キロの力で強く地面を押し込む意識でやってみて」

「違うよ、その動作ではただのひざの屈伸運動になっている。足で真下に地面を押し込むためにはどういうポジションを作ればいい？」

「違うよ、それではバーベルを上げる意識になってるよ。どうすれば地面を押し込むポジションになる？」

「よし、オッケー！　どう？　このフォームでスクワットすると投球にこれが貢献しているのが感じられるかな？」

60キロが限界だった。清水さんの指示する通りのフォームでスクワットをしたら60キロしか上がらないのだ。そしてこれまでに感じたことがないほど辛い。たったの60キロでこんなに苦しいとは……。

しかし不思議な感覚だった。上げている重量は少ないのに、明らかに投球動作で球に力が伝わる感覚がある。力が伝達する感覚があるのだ。スクワットをしていて、初めてこれ

が投球に直結するという感覚を味わった。

実は、以前からずっと清水さんに本を書いて欲しいと思っていた。清水さんはそれを受けて執筆に取り組んでくださったようだ。

私が清水さんに本を書いて欲しいと思った理由は、一人でも多くの人にこの考え方を知って欲しいと思ったからである。しっかりした考えを持ってトレーニングすれば、スポーツのパフォーマンスを確実に上げられると確信したからである。スポーツだけではない、ボディメークも機能改善も、全てのトレーニングの根拠を理解することでその成果は格段に上がる。

根拠を追求することはとても面白く、エキサイティングである。

本書には「なぜ」を追求したくなるきっかけが詰まっている。多くの人にそれを感じて頂きたいと願っている。

筆者(左)と菊池雄星投手(右)。筆者のジムにて撮影。

菊池雄星《きくちゆうせい》

1991年、岩手県生まれ。2009年、花巻東高校からドラフト1位で西武入団。主なタイトルは最優秀防御率、最多勝、ベストナイン、ゴールデン・グラブ賞。2019年、シアトル・マリナーズ入団。同年8月には日米通算1000奪三振を記録した。

ロジカル筋トレ／目次

第4章 下肢
――足、腰、尻の筋肉で地面を踏み込む

第5章 ロジカル筋トレで人は生まれ変わる
――大きなリターンを生む自己投資

構成　高橋明
イラスト　中村知史
図版・DTP　美創
企画協力　オトバンク
取材協力　横浜リゾート&スポーツ専門学校

第1章　ロジカル筋トレとは何か

——「なぜ？」を考えるか否かで大きな差がつく

「腹筋1000回」「ベンチプレス150キロ」はエライのか

筋トレ好きには、さりげなくトレーニング量を自慢してくる人が少なくない。みなさんの周りにも「自分、腹筋1000回をルーティンにしてるんで……」とか「フフフ、この前、とうとうベンチプレス150キロをクリアしたんですよ」などと言ってくる人がいるのではないだろうか。

みなさんは、こういった「筋トレ数字自慢」を聞いてどんなリアクションをするだろう。「せ、1000回？　エライなあ、1000回なんて自分にはとても無理だよ」「150キロ！　スゲーッ、もう超人レベルじゃん」といったように相手をほめたたえ、尊敬のまなざしを送るだろうか。

私はあまり素直にほめる気にはなれない。

なぜなら、このように「回数」や「キロ数」に囚《とら》われていると、もともと何のためにやっていたかの目的を見失ってしまいがちだからだ。

筋力トレーニングの目的は人それぞれだ。競技や試合でのパフォーマンス向上のためにやっている人もいるし、ボディビルやボディメークで理想の筋肉をつけるためにやっている人もいるだろう。また、健康や美容のコンディションを維持・改善するためにやっている人も多い。

ただ、どんな目的で始めたにせよ、「1000回」「150キロ」などの数字に囚われ出すと、だんだん「1000回やること」「150キロ上げること」が目的になっていってしまう。そして、「その人本来の目的」がいつの間にか忘れ去られていってしまうのだ。

しかも、「何回やる」「何キロ上げる」というところにフォーカスを当てていると、多くの人は回数やキロ数を稼ぐためにフォームを崩し、自分にとってラクなフォームでトレーニングを行なうようになっていく。これが非常に問題なのだ。

あるとき、ベンチプレスのバーベルを胸までストンと速く下ろしてしまうスポーツ選手がいたので理由を訊くと、彼は「ゆっくり下ろすと30回上げられないので」と言った。

まさにこれが典型的な間違いである。筋トレの基本はゆっくり上げて、ゆっくり下ろすことだ。上げるときも下ろすときもゆっくり行なうことで、筋肉に大きな負荷がかけられるからである。

どんなにたくさんの回数をこなそうとも、ラクなフォームでやっていてはほとんど意味がない。

たとえば、「腹筋1000回」。1000回もやろうという人は、ちょこちょこと頭が上下するような「負荷の軽いやり方」をしていることが多い。私は「ちょこちょこ腹筋」と呼んでいるのだが、そんなラクなフォームでやっていては、たとえ1000回やったとしてもたいしたトレーニング効果は得られない。むしろ1000回をこなすためのラクなフォームでやっているように見える。

「30回以上できるトレーニング」は時間の無駄

そもそも筋トレでは、「30回以上できるトレーニング」は、それ以上やっても負荷として成立しないとされている。30回できるようになったら負荷を上げなくてはならず、同じ軽い負荷のまま50回、100回、200回と回数を重ねてもあまり意味がないのだ。

だから、「それまで15回しかできなかった人が30回できるようになった」と言うのなら、それなりの負荷があったということなので価値があるが、「すでに30回、50回、100回をクリアしている人が200回、500回、1000回できるようになった」としても意味がない。

考えてもみてほしい。もしも1000回できるならば、おそらく最初の100回くらいはラクすぎてトレーニングになっていないはずだ。たくさんの回数をこなすためにがんばってきた人には悪いが、負荷の軽いラクなフォームで多くの回数を行なうのは、ほとんど時間を無駄に消費しているだけのようなものなのである。

「ベンチプレス150キロ」にしても同じだ。

ベンチプレスという種目には、じつは重量を上げるのに都合のいいやり方がある。そのラクなフォームで行なうとバーベルが上下する移動距離が短くなるのだ。「100キロ」「150キロ」といった数字に囚われている人は、当然、このラクなフォームで高重量のバーベルを上げようとすることが多い。もしベンチプレス大会で勝つことが目的ならば、このフォームで正解だ。

しかし、筋肉を強化したり太くしたりするのが目的なら、このフォームは不正解となる。ラクなフォームで行なうと、それだけ目的の筋肉を鍛える効果が低くなってしまうのだ。

アスリートやボディビルダーにもベンチプレスを行なう人が多いが、ジムなどで見ているとラクなフォームで行なっている人が少なくない。おそらく、トレーナーが重量を上げるのに都合のいい方法を教えているのだろう。

ただ、私はいつもそういう人を見かけると、「そのラクなフォームであなたの目的の筋肉がちゃんと鍛えられているんですか？」と聞きたくなる。そして、「もしかしてキロ数を追いかけるあまり、トレーニングを始めたもともとの目的を見失っていませんか？」と聞きたくなるのだ。「1000回」「150キロ」があなたの目的なのですか、ということだ。

筋トレをする人がハマりやすい「3つの罠」とは？

私は、筋トレには多くの人が陥りやすい「3つの罠」が潜んでいると思っている。

それは「回数」「セット数」「キロ数（重量負荷）」の3つだ。

これらを意識し始めると、みんな、フォームを置いてけぼりにして数字を伸ばすのに一所懸命になってしまう。そして、フォームを崩し、トレーニング内容が非合理的なものになって、「がんばっているのに、いまひとつ成果が上がらない」という「罠」にハマっていってしまうのだ。

筋トレで自分の望むような成果を上げられるかどうか。それを大きく左右するのはトレ

図2 筋トレの「3つの罠」

「回数」「セット数」「キロ数」にこだわるあまり、フォームを置いてけぼりにしてしまっては「ざんねん」だ。

ーニングフォームだ。

どんなフォームが適しているかは、その人の目的によって変わってくる。たとえば、ベンチプレスひとつをとっても、野球のピッチャーが球速を上げたい場合はそれに適したフォームがあるし、ボディメークの人が胸板を厚くしたい場合はそれに適したフォームがある。スクワットにしてもクランチ（腹筋トレ）にしても、アスリートの人とボディメークの人とではやり方が変わってくるし、自分のどんな力を伸ばしたいか、どの筋肉を強化したいかによってフォームが変わってくる。

つまり、筋トレで効率よく成果を上げていくには、その人の鍛える目的に沿ったフォームで行なっていくのがいちばんいいのだ。このため、フォーカスを当てるべきは、「(自分の目的に合った) このフォームで何回できたか」「(自分の目的に合った) このフォームで何キロまで上げられたか」という点になってくる。

だから、私がトレーニング指導をする場合は、「フォームの維持」を徹底する。「このフォームを維持して10回」を目標に筋トレをスタートしたとしても、7回目でフォームが崩れたら、その時点で「はい、今日はここまで」とやめさせてしまう。もし、ラクなフォームで8回目、9回目を行なおうとしたら厳重に注意する。

崩れたフォームやラクなフォームで10回までやろうとすると、間違ったやり方が脳と体にインプットされてしまい、成果を生み出す支障となる。それくらいなら、その日は7回でスパッとやめてしまうほうがいい。8回、9回、10回をやるのは、翌日以降にチャレンジすればいいだけの話だ。

もし数日後にフォームを崩さずに8回目ができ、さらに数日後にフォームを崩さずに9回目、10回目ができたとしたら、その人は着実にステップアップして自分の望む成果に近づいていくことができるだろう。

これに対し、回数、セット数、キロ数の罠にハマっている人は、最初から10回という回数目標を達成するのに躍起《やっき》になってしまう。10回という数字を追いかけることだけに集中してしまい、途中、フォームが崩れようが構わず突き進み、数を追い求めていってしまうのである。

ひょっとしてみなさんも、回数やキロ数に囚われてフォームを崩し、なかなか成果が上がらず伸び悩むという罠にハマってしまってはいないだろうか。

プロでさえ「筋トレ自体が目的」になってしまう

じつは、プロのアスリートの中にも「筋トレの3つの罠」にハマり込んでしまう人が少なくない。

たとえば、プロ野球選手の場合、たいていは「もっと速い球を投げたい」「もっと遠くへ打球を飛ばしたい」といったパフォーマンス向上が目的で筋トレに取り組む。ところが、筋トレに励むうちにだんだんベンチプレスやデッドリフトなどの回数やキロ数にこだわるようになり、いつの間にか「パフォーマンス向上」を都合のいい大義名分のようにして筋トレに熱中してしまうケースが多いのだ。なかには、ボディビルダーのように筋肉モリモりになっていく選手も少なくない。

しかし、やみくもにトレーニングをしていると、伸び悩むどころか、パフォーマンスが低下してしまうこともあるので注意が必要だ。ボディビルが悪いのではないが、目的が違うということである。

そもそも、野球選手は、単に筋肉を太くすればよい結果を残せるようになるというものではない。もちろん筋肉を太くすることも大切だが、それよりも大切なのは筋肉の連動性を高めることだ。ピッチャーであれば、下肢で生み出した力を体幹を経由して上肢に伝えていき、その伝わってきた力をもとにしてムチのように腕をしならせて投げる。そうやって下から上へといくつもの筋肉を連動させることによって、より速い球、勢いのある球を投げることができるわけだ。

だが、やみくもに筋トレをしていると、この筋肉の連動性が落ちてしまいがちなのである。投球で力をうまく連動させるには、「脱力している筋肉」と「力の入っている筋肉」とをうまくかみ合わせていかなくてはならない。

ところが、やみくもにトレーニングをして筋肉を太くしてしまうと、どの筋肉も「ずっと力を入れっぱなし」の状態になり、「力《りき》み」のクセがついてしまうようになる。そして、肩の筋肉や腕の筋肉など特定の筋肉に頼って投げてしまいがちになるのだ。

すると、球にうまく力が伝わらず、スピードや勢いが落ちてしまうことになる。しかも、球のスピードや勢いが落ちると、打たれまいとしていっそう力んで腕に力を込めて投げるようになる。そうすると、さらに連動性が落ちて「力まかせの打たれやすいピッチングをするピッチャー」になっていってしまうのだ。

このように、後先考えずにつけた筋肉がかえって自身のパフォーマンスの邪魔になることは少なくない。ピッチャーでもバッターでも、こういったパターンで伸び悩んでいるプロ野球選手はけっこう多い。スポーツの場面で、特定の筋肉「だけ」を使うことなどあり得ない。パフォーマンス向上には筋肉の連動性が不可欠なのだ。もちろん野球に限らず他のスポーツ競技にも言えることである。

回数やキロ数の罠にハマって筋肉をやみくもに鍛えていると、プロのアスリートでも自身のパフォーマンスを落とすような事態を招きかねない。パフォーマンス向上を目的に始めた筋トレが自身にとってマイナスに働いて、成果を上げられないどころか、逆に目的から遠ざかるという「ざんねんな結果」につながっていくことも少なくないのである。

「リーズン・ホワイ」を頭に浮かべて原点に立ち返る

では、いったいどうすればいいのか。

回数やキロ数の罠にハマらないためにはどうすればいいのか。フォームを崩さないためにはどうすればいいのか。

それには、「なぜ、これをやるのか」の原点に立ち返るべきだ。

トレーニングには根拠が必要だ。なぜ、筋肉をつけるのか、なぜ、筋肉を太くするのかの目的や理由をしっかり考えなければならない。

すなわち、「はじめに」でも述べたように、「なぜ、これをやるのか」という根拠の部分にフォーカスを当てて、ロジカルに筋力トレーニングを行なっていくべきなのだ。「なぜならば（根拠）」は、英語で言えば「リーズン・ホワイ（reason why）」。筋トレの際、いつも頭の隅にこの言葉を置いておいて、常に自分自身に「リーズン・ホワイ」と問いかけながらトレーニングをするといい。

「なぜ、この筋肉をつけるのか」「なぜ、このトレーニングをするのか」「なぜ、このフォームである必要があるのか」「この筋肉を鍛えるとどんな力が得られるのか」「その力を得ると自分のどんな目的を叶えられるのか」——。どんなトレーニングをしていても、「リーズン・ホワイ」と問いかけるネタには困らないはずだ。

そして、こういうふうに普段から「なぜ？」を考えていれば、回数やキロ数の罠にハマってフォームを崩したり、やみくもに筋肉をつけてパフォーマンスを落としたりすることはなくなっていくだろう。

どんなに筋トレに熱中しても、自分の本来の目的を見失うことなく、適切な筋肉を鍛えてパフォーマンスを上げていくことがきっとできるようになるはずだ。

私は、筋トレには一種の中毒性があると思っている。日々トレーニングを習慣づけているみなさんにはお分かりいただけると思うが、やっているうちにハマってきて、だんだん「やらずにはいられない」ようになっていく。

人には何かに熱中してくると、その行為そのものが目的になってしまう傾向がある。まさに筋トレもそうで、パフォーマンス向上を目的に始めたのが、熱中するうちにだんだん目的が逸《そ》れて、いつしかトレーニングをすること自体が目的のようになっていってしまう。

だから、そこは修正していかなくてはならない。常に「なぜ、やるのか」を考え、「リーズン・ホワイ」と問いかけて、もともと何のためにやっていたのかの目的を忘れないようにしていかなくてはならないのだ。

部活動のお決まりのトレーニングは意味がない？

もっとも、わたしたち日本人には、どうも「なぜ、やるのか」をあまり考えない特徴・傾向があるようだ。

典型的なのは学校の部活動のトレーニングだ。

みなさんの中にも心当たりがある人が多いかもしれないが、運動部では練習や試合前の筋トレとして、「腹筋30回」「腕立て30回」「スクワット30回」といったメニューを〝お決まり〟のように行なうことが少なくない。部活の伝統として、昔から「これだけは必ずやる」というメニューが定められている場合も多いだろう。

でも、そこで「なぜ、腹筋30回なのか」「なぜ、腕立て30回なのか」といった疑問を持つ部員はほとんどいないのではないか。当然、「このトレーニングを何のためにやるのか」「このトレーニングが自分のどんな力を伸ばすのか」といったことを考える部員もほとんどいないだろう。

こういった「お決まりの筋トレ」をやっている部員たちを観察していると、みんなつまらなそうな顔をしてだらだらと体を動かしていることが多い。なかには、ろくに筋肉に力を込めず、かたちだけ体を動かしてやったように見せかけている部員もいたりする。ずっと前から慣例としてやるのが決まっていることだからと、〝仕方なく〟トレーニングをしているかのようだ。

私は、これでは「やる意味がない」と思う。トレーニングは、やるからには意味のあるものでなければならない。「なぜやるのか」を考えず、〝やるのが決まりだから〟とか〝やらないと叱られるから〟などといった理由で仕方なく体を動かしているだけなら、最初からやらないほうがいい。

それに、どうやら中学や高校の部活では「なぜなんだろう」と思うことを禁止されているようだ。みんな「言われたメニューを言われた通りにやらなきゃ」「与えられたメニューをきっちりこなさなきゃ」といったことで頭がいっぱいなのか、それとも、何も考えずに黙々とトレーニングをするクセがついてしまっているのか。大多数の部員が「なぜ？」を考える必要性を感じていない気がする。

もちろん、なかにはちゃんと考えて熱心に取り組んでいる部活動もあるのだろうが、日本中の多くの部活動で行なわれている筋トレでは、ほとんど「思考停止状態」で体を動かしているケースが大多数を占めているように思えて仕方ない。

その腕立て伏せは何のためにやっているのか

私はある高校に講演に行った際、グラウンドで野球部が練習をしていたのでひとりの部員に声をかけたことがある。

私　「ポジションはどこ？」
部員「ピッチャーです」
私　「なんで腕立て伏せをやっているの？」
部員「上半身を鍛えるためです」
私　「じゃあ、なんで上半身を鍛えるの？」
部員「速い球を投げられるようになりたいからです」
私　「何回やるの？」
部員「50回です」
私　「50回できれば速い球を投げられるようになるの？」

部員「…………」

私「速い球を投げたいって言うけど、そのフォームでその回数の腕立て伏せをやっていてもスピードは上がらないよ。腕の力だけを使って体を上げ下げしていても、腕や肩が疲れるだけで、スピードを上げることにはつながらないんだ」

その部員は私の言っていることが理解できないようで、ポカンと口を開けて不思議そうな顔をしていた。でも、私からすれば、「速い球を投げる」ために疑いもせずにそのトレーニングを続けていることのほうが不思議だったのだ。

ちょっと補足をしておくと、腕立て伏せは「ひじを曲げ伸ばしする」のではなく、「2本の腕で地面を押す」のがコツだ。その発想があるとしっかり体幹に力が入るフォームになり、腹や足の力を連動させて地面を押し込めるようになる。その意識があれば力の伝達能力が向上するため、多少は速い球を投げるのに役立つかもしれない。

しかし、その部員は体幹に力を入れずにひじの曲げ伸ばしを繰り返して、2本の腕の力だけで体を繰り返し上げ下げしていた。ピッチャーは腕を太くすれば速い球が投げられるというものではない。その部員には悪いが、「腕だけを使った間違ったフォーム」のまま、どれだけ腕立て伏せをやったとしても「速い球を投げる」という目的は叶えられない。自分が求める成果につながらないトレーニングはいくらやっても時間と労力の無駄であり、日々意味のないトレーニングをがんばっているようなものだ。

つまり、「このトレーニングで自分のどんな能力が高められるのか」をちゃんと分かっていないから、意味のないことや間違ったことをやってしまう。しかも、「このやり方でいいのか、このフォームでいいのか」と考えていないから、その誤りにさえ気づかないという状態に陥ってしまっているのである。

近年だいぶ改善されてはきたが、日本の部活では、こういった「ざんねんなトレーニング」がごく普通に行なわれている。思考停止状態で「なぜやるのか」を考えていないため、多くの時間や労力を費やしているにもかかわらず、そのがんばりが成果につながりにくくなってしまっているのだ。

「いいからやれ」「つべこべ言わずにやれ」は時代遅れ

部活トレーニングで多くの生徒が「なぜやるのか」をあまり考えないのには、指導者サイドの問題も大きい。

「いいからやれ」「とにかくやれ」「つべこべ言わずにやれ」――こうした言葉を浴びせられた経験がある人も多いだろう。

こうした〝決まり文句〟を口にする指導者は、選手を自分の思い通りに動かそうとして、「なぜそれをするのか」を考える余裕を選手たちに与えない。これではまるで「お前たちは思考停止のままロボットのように動いていればいいんだ」と言っているようなものだ。選手たちもヘタに質問したり逆らったりしたらカミナリを落とされるから、何も考えず言われた通りに行動してしまう。それで「腕立てを何回何セットやれ」「スクワットを何回何セットやれ」と言われたときに、「なぜ」を考えることなく黙々と体を動かすクセがついてしまうのだ。

しかし、いくら何でも「いいからやれ式の指導」はもう時代遅れだろう。

心当たりのある指導者は「生徒に考えさせない指導」から「生徒に考えさせる指導」へと転換していくべきだ。勉強でもそうだが「なぜそうなのか」「リーズン・ホワイ」を考えることは、生徒の成長を促すとても大きなきっかけになる。逆に言えば、言われたことを言われた通りにしかやらない生徒は、勉強でもスポーツでも伸び悩むことが多い。

野球でも、自分で考えずに思考停止状態で練習をしてきた選手は、伸びないケースが目立つ。甲子園で活躍したような選手が、大学の野球部に入って「自分で考えて練習をしろ」と言われたとたん、まったく使い物にならなくなることもある。高校時代、他人から与えられた練習メニューをこなしてばかりだったため、自分で考えて練習メニューを組み立てることができないのだ。

私はどんなトレーニングにも根拠があるべきだと考えている。指導者は生徒に対して「このトレーニングをやれ」と言ったときに、「なぜやるのかの理由や根拠」を明確に持っていなくてはならない。そして、その理由や根拠をいつでも生徒に説明できる状態でなければならない。そう考えている。

また、生徒のほうも、指導者やコーチから「このトレーニングをやれ」と言われたときに「なぜなんですか？」と訊けるようになっていってほしい。「10回3セットやれ」と言われたときに「なぜ10回3セットなんですか？」と理由や根拠を質問するようになっていってほしい。

指導をする側も指導を受ける側も、そうやって「なぜ」の理由や根拠を共有していければ、部活トレーニングはいまよりずっと合理的で風通しのよいものになっていくはずだ。きっと、日々のがんばりが成果に結びつきやすくなり、パフォーマンスを向上させて成長していく選手がグッと増えていくのではないだろうか。

「1000本ノック」は合理的か非合理的か

ちょっとここで「根性」の話をしておくことにしよう。

根性や粘り強さは、何かの壁にぶち当たったときにそれを乗り越えるパワーの源になる。だから、スポーツの指導者やコーチには、つらさや困難にめげることなく根性を出してトレーニングをする姿勢を重視する人が少なくない。

しかし、根性の大切さを学ばせるトレーニングは、しばしば非合理的なスタイルになることが多い。

たとえば、「1000本ノック」。ご存じの人も多いと思うが、野球選手の守備力を高めるためにひたすらノックを受けさせるという非常にハードなトレーニングだ。

実際には1000本もノックをするには相当の体力がいるし、かなりの時間がかかる。だから1000本という数をこなすのは無理なのだが、300本ノック、500本ノックくらいなら、高校野球の練習でもけっこう行なわれていることが多い。そのノックを受けた部員は、汗と泥にまみれ、最後には打球のキャッチどころか腰も立たないくらいヘトヘトになってしまう。

野球だけではない。陸上なら「〇〇本ダッシュ」、サッカーなら「〇〇本シュート」といったように、ヘトヘトになるまでひたすら回数をこなして鍛錬をしようという〝地獄系メニュー〟はわりとどのスポーツにも存在しているものだ。


みなさんはこうした〝地獄系メニュー〟をどう思うだろう。根性を叩き込むにはいいトレーニングだと思うだろうか。それとも、ただたくさんの回数をこなすだけで意味のない非合理的なトレーニングだと思うだろうか。

私はというと、目的をはっきりさせたうえでたまにやるのであれば、こうした〝地獄系トレーニング〟もアリだと思っている。

こういったヘトヘトになるまでやるトレーニングは、体力や持久力を向上させたり、根性をつけたりするのを目的でやるのなら、けっこう効果的なものだ。だから、今日は根性をつける日だと割りきって50本ダッシュを行なったり、持久力をつける目的で300本ノックを行なったりするのならばまったく構わない。

ただし、技術を向上させるのが目的だとしたら、こういうトレーニングは向かない。なぜなら、ヘトヘトになるまでやるとフォームが崩れてしまうからだ。1000本ノックを例にすれば、ヘトヘトに疲れてくると捕球や送球のフォームが崩れ、本来の自分のフォームを見失ってしまう。だから、もし1000本ノックをやるのであれば「すでにフォームがしっかり固まっている上級者」に対して行なうほうがいい。まだフォームが固まっていない選手に対して技術向上の目的で行なうのは、マイナスの効果しかもたらさないのでやめたほうがいいだろう。

すなわち、まず「技術をつけるためにやっているの？　それとも、体力や根性をつけるためにやっているの？」という点をはっきりさせろということだ。この点をしっかりわきまえたうえで体力や根性をつけるのを目的でやるのなら、どんなに非合理的に見えようとも私はこういうトレーニングを否定はしない。

この本は合理的なトレーニング、ロジカルなトレーニングを勧めているものなので、「いったいどうしてこんな非合理的トレーニングの肩を持つんだ！　矛盾しているじゃないか！」と思われる人もいらっしゃるかもしれない。

しかしスポーツには、結局最後には根性がモノを言う面もある。同じスキルと体力を持っている人が競走をすれば、根性がある人のほうが先にゴールテープを切るだろう。〝地獄系のトレーニング〟でいくつもの修羅場を越えて根性が鍛えられていれば、きっと「ここぞ」というところで粘り強さが発揮されやすくなるはずだ。

それに、根性が鍛えられている人は、挫折をしてもそれを乗り越えやすくなるし、理不尽な目に遭ってもそれに耐えることができやすくなる。おそらく、〝めちゃくちゃ理不尽で非合理的な地獄系トレーニング〟を乗り越えてきた経験は、そういう打たれ強さにもつながっていくのではないだろうか。

だから、こうした精神的なタフさや粘り強さを鍛えるには、時には非合理的なトレーニングに多少目をつむる必要もあるのかもしれない。

だが、誤解をしないでほしい。

根性は必要な要素ではあるが、あくまでロジカルなトレーニングの効果をさらに引き立てるための〝スパイス〟のようなものだ。その〝スパイス〟をどれだけ効かせるかの匙《さじ》加減は、やはり「なぜそれをするのか」の理由や根拠をしっかり考えて合理的な発想で決めていかなくてはならない。

根性論だけを先走らせて、根拠も意味もないトレーニングを強要するのは、何のメリットも生まず、精神的・身体的ダメージを積み重ねるだけの結果になる可能性が大きい。そういう非人道的トレーニングは〝しごき〟や〝いじめ〟と何ら変わらないので、絶対に避けるようにしていくべきだろう。

フィットネスクラブでも「なぜやるのか」を考えるべき

ところで、最近はフィットネスクラブやスポーツセンターなどで筋トレに取り組む人がとても増えた。きっとみなさんの中にも日々忙しい中がんばって通っている人が多いのではないだろうか。

「マッチョ体型に変身したくて通っている人」「たるんだ体に少しでも筋肉をつけたくて通っている人」「健康と体力の維持のために通っている人」……フィットネスクラブに通う理由は人それぞれだろう。

ただ、じつはこうしたフィットネスクラブに通っている人々も、知らず知らずのうちに「ざんねん筋トレ」にハマってしまっていることが少なくないのだ。

どうして「ざんねん筋トレ」に陥ってしまうのか。そのいちばんの理由は、フィットネスクラブ側が用意した「既成のトレーニングメニュー」に、「なぜ」を考えることなく無条件に従ってしまっているせいである。

たとえば、フィットネスクラブに入会すると、「まずはこれをやってください」というマシンが決まっているものだ。たいていは、「クランチ」「ラットプルダウン」「チェストプレス」「レッグプレス」の4つ。たぶん「初心者向けパッケージコース」にでもなっているのだろうが、最初は問答無用でこの4つをやれと言われることが多い。

でも、いったいなぜ、この4つなのか。どんな初心者でもその人の目的によって鍛えるべき筋肉も、使うべきマシンも違ってくるはずだ。その人の目的によっては、これら4つのマシンを使わなくていい場合もあるだろうし、まったく別のトレーニングのほうが有効な場合もあるだろう。

(業界的に)炎上するのを承知で種明かしをしてしまうと、じつはこの4つのマシントレーニングは「インストラクターの指導テクニックがあまり必要ないメニュー」なのだ。いちいちていねいな個別対応をしなくても「だいたいこんな感じでやっておいて」と簡単な指導で済ませることができる。

その証拠に、研修を終えたばかりの新人インストラクターが最初に任されるのが初心者に対するこれらのマシンの指導である。本来は、初心者ほどていねいな個別指導が必要なのだが……。

図3　フィットネスクラブの「初心者向けパッケージコース」

フィットネスクラブで「まずはこれをやってください」と言われることの多い4つのトレーニング。ちなみにここに挙げたフォームは、のちに説明するようにすべて「ざんねん」だ（マシンでのクランチについては本書では言及しない）。

4つのマシントレーニングにはもちろんそれぞれ利点がある。ただ、私の経験からは、指導する側の都合でやらせているようにしか見えないのだ。

それと、もうひとつ指摘しておくと、筋トレ初心者に使わせるマシンには、負荷重量を設定する部分に「男性初心者用」「女性初心者用」などのシールが貼られていることが少なくない。そして、インストラクターから「最初はこのシールのところからスタートしてください」と言われることが多い。

だが、そこそこの重量を上げられる人が「シールが貼られた軽い負荷」のところからスタートしたら、物足りないと感じるレベルのトレーニングを延々やらされることになる。現に、「初心者用」の負荷を表情ひとつ変えずに黙々とやり続けている人の姿をよく見かける。先にも触れたように、負荷の軽すぎるトレーニングを多くの回数行なうのは、時間を無駄に消費しているだけだ。

このように、フィットネスクラブでは、インストラクターに言われるまま何も考えずにトレーニングをしていると、無駄に遠回りをさせられたりなかなか効果が上がらなかったりという「ざんねん筋トレ」にハマっていきかねないのだ。

毎日忙しい中、せっかく時間とお金をかけて通うのだから、トレーニングはできるだけ効率よく目的に近づけるものでなくてはならない。そのためにもインストラクターとしっかりコミュニケーションをとり、「なぜ、このトレーニングをするのか」をはっきりさせて取り組んでいく姿勢が必要だろう。もっともっとインストラクターに質問していいのだ、「なぜですか」と。

自宅トレはどうして間違った方向へ行きやすいのか

みなさんの中には「自宅で筋トレをしている」という人も多いことだろう。「筋トレはしっかりやりたい、でも、フィットネスクラブに通うような時間はなかなかとれない」という人は、当然、「じゃあ、自宅でがんばって鍛えよう」という選択をすることとなる。最近はSNSやユーチューブなどにたくさんの筋トレ動画がアップされているので、そうした動画を参考にしながら自宅トレに取り組んでいる人も多いかもしれない。

ただ、やはりトレーナーやインストラクターが不在での自己流のトレーニングは間違った方向へ向かいやすい。

いちばん大きな問題は、「このフォームで合っているのか」「この力の入れ方で合っているのか」といった疑問が湧いても「正解」が分からない点だ。

じつは力を入れるベクトルが違っていたような場合、「この力の入れ方は違うよ」と教えてくれる人がいないと、そのまま間違ったフォームが身についてしまうことになる。そういう小さな間違いがいくつか重なったりすると、自分ではちゃんと正しくトレーニングをやっているつもりでも、「じつはまったく見当違いのトレーニングをしていた」なんていうことにもなりかねない。

実際、見様見まねの自己流で身につけた「効果の低いやり方」や「なかなか成果の上がらないやり方」を何十年も続けている人は少なくないのだ。人はいったん〝これでいい〟と思ってしまうと、なかなか自分のやり方を改めない。長年自分がやってきたトレーニングが「じつは間違ったやり方だった」「じつは無駄な努力だった」と知らされたら、きっとその人はかなりの徒労感に襲われるのではないか。

だから、ひとりで行なう自宅トレはけっこうむずかしいのだ。ちゃんとしたフォームややり方が分かっている人が自宅で行なうのならいいが、基礎が固まっていない人が自宅で行なうと、たいていは「ざんねんな方向」に行ってしまいがちになる。心当たりがある人は、やはり一度ちゃんとした知識のあるトレーナーなどに教えを請い、フォームや力の入れ方の基本をしっかり学んだうえで自宅トレに励むほうがいいだろう。

それともうひとつ、自宅トレの難点は、行なうことのできるトレーニング種目やレベル強度が限られてしまう点だ。

自宅でトレーニングをする場合、ジムとは違ってマシンや器具はなかなか使えない。どうしても中心となるのは、腕立て伏せ・スクワット・腹筋などの「自重トレーニング」になるだろう。

だが、自分の体だけで行なう自重トレは、負荷をかけるレベル強度に限界がある。ある程度の強度をクリアしてしまうと、それ以上強度を上げたくても上げられなくなってしまうようになる。そういうとき、「もっと上のトレーニングをしたい」「もっとレベルアップしていきたい」という人たちがどういう手段に訴えるようになっていくか、みなさんはお分かりだろうか。

そう。そこで登場するのが「回数」なのである。

「腹筋1000回やってます」「腕立て200回やってます」といった「回数の多さ」を

自慢するような人は、だいたい自己流でやってきた自宅トレ派が多い。しかし、先にも述べた通り、軽々とクリアできるような負荷の運動をたくさんの回数積み重ねるのは、意味のないトレーニングであり時間の無駄だ。

私は「回数を増やしさえすればいい」「たくさんの回数をこなすほうがエライ」と思っていることを〝回数主義〟と呼んでいるのだが、〝回数主義〟に陥った自宅筋トレ派は、「ざんねん筋トレ」の代表選手のようなものだろう。

とにかく、もし1000回も腹筋をする時間があるのなら、その時間を使ってジムに行き、しっかり負荷をかけた筋トレを行なうほうがいい。そうすれば、腹筋1000回以上の筋トレ効果をものの1、2分で上げることができるはずだし、知識のあるトレーナーであれば自宅でできる、相当な負荷がかかるフォームを教えてくれることだろう。

自宅トレ派の人々は、こういう「ざんねん筋トレ」に陥らないためにも、日々「なぜ、これをするのか」をしっかり意識しつつ体を動かしていくべきだろう。

ボディメークで「バランスの崩れた体」になってしまう人の特徴

ここで少し、ボディメークの話をしておこう。

ボディメーク目的でトレーニングをする人は、「自分は筋肉を鍛えてどういう姿になりたいのか」を具体的にイメージすることがたいへん重要になってくる。

たぶん、みなさんの中にも「ああいうふうになりたい」という理想のイメージがあるのではないだろうか。たとえば、「『北斗の拳』のケンシロウのようないかにも屈強そうな体になりたい」とか、「アーノルド・シュワルツェネッガーのような筋骨隆々のボディを目指したい」とか、「中田英寿さんのようなビジネスもスポーツもできるインテリ系細マッチョになりたい」とか……。このように、ボディメークでは、なりたいイメージを明確に持ち、その「理想のイメージを着実に実現する」という目的を持ってトレーニングに取り組んでいくのが近道だ。

すなわち、ボディメークでも、「なぜこれをするのか」という意識をしっかり持って、ロジカルにトレーニングをしていくことが大切なのだ。

ボディビルやボディメークが目的で筋肉をつける人は、そもそも筋肉に求めるものがアスリートとは異なる。言わば「使うための筋肉」よりも「見せるための筋肉」をつけようとしているわけで、時には特定の筋肉を不必要なまでに大きくすることもある。そのため、同じ筋肉を鍛えるにしても、トレーニングの仕方やトレーニングフォームがアスリートとは大きく違ってくるのだ。

もっとも、「見せるための筋肉」をつける場合も、計画的・論理的にトレーニングをすべきだという点では変わりがない。逆に言うと、計画性や論理性がないと、狙った筋肉だけをひたすら鍛えてその筋肉のみを大きくしすぎてしまい、結果的にバランスの悪いボディになってしまうといったことが起こる。

例を挙げれば、フィットネスクラブなどでは、特定のマシンを使って「腕だけ鍛えている人」や「胸だけ鍛えている人」をよく見かける。そういう人は腕や胸は太くても、足は上体に全然釣り合わないほど貧弱だったりする。たぶん〝足は鍛えなくてもいい〟と思い込んでしまっているのかもしれないが、そういう人は日々がんばってトレーニングをしていても、「自分が思っていたのと違う『どこかバランスの崩れた体』」になっていってしまうことが多い。

その点、ボディビルでもトップ級に行くような人は、体全体のバランスを考えながら計画的に筋肉を大きくしている。腕や胸などの上体だけでなく、足もしっかり鍛えているし、背中や尻、ハムストリングスなどの「自分から見えない部分の筋肉」にもちゃんと神経を注いでトレーニングをしている。

だから、「ざんねん筋トレ」に陥りたくないならば、ボディメークの場合もしっかり計画を立てたうえでロジカルにトレーニングを進めていくべきである。すなわち、「いまやっているトレーニングが自分の理想とするボディイメージにどのように結びついていくのか」を日々しっかり考えに入れつつ、一歩一歩ステップを上がるような堅実さで、計画的に筋肉を大きくしていくようにすべきなのだ。

無茶なトレーニング目標はマイナスでしかない

ところで――。

私は、トレーニングというものは、一歩一歩「できた！」という成果を積み重ねながら着実に進めていくべきだと考えている。

がむしゃらに行なったり、できないことが分かっていながら無茶をしたりするのはよくない。力が伴っていないのに、何段ものステップをすっとばしてジャンプしても、失敗して跳ね返されるだけだ。するとそのたびに「ほら、やっぱりできない」というマイナスの記憶が心身にインプットされてしまうことになる。

たとえば、体が固いという自覚がある人が前屈をするとしよう。その人は過去に前屈ができなかったときの記憶をトレースするように体を曲げていく。案の定〝うわぁ、できない〟〝ほら、やっぱりできない〟という流れを辿っていくことになるだろう。すると、次に前屈をするときにも〝今回もどうせできないだろうな〟というところからスタートすることになってしまう。「できないに決まっている」という否定的な記憶に心身が縛られてしまっているわけだ。

これは筋トレでも同じだ。目の前のバーベルを10回上げるとしよう。〝この重さは自分には無理かもなあ〟と思っている人は、スタート早々に「できない理由」を探し始める。もしくは3回目か5回目あたりから「ラクに上げる方法」を探し始め、フォームを変えたりするかもしれない。すなわち、ズルや手抜きをしてでもなんとか10回をクリアして、うまく帳尻を合わせようとするのだ。

そして、「やっぱりダメだった」となった場合、そのマイナスの記憶が心身に刻み込まれる。しかも、フォームを変えて手を抜いてラクに上げようとしたことも心身にインプットされてしまうことになる。たぶん、次にもう一度同じバーベル上げにチャレンジしようということになったら、「手抜きやズルをしても上げられなかった記憶」が鮮明によみがえってくるはずだ。きっとその人は同じことを繰り返し、「ほら、やっぱりできない」というマイナスの記憶を積み重ねていくのではないだろうか。

このように、むやみにハードルを上げて実力以上のトレーニングを行なったり、どうにか回数をクリアしようと無茶やズルを行なっていたりすると、どんどん「できないほう」へフォーカスを当てていくようになり、結果、フォームを崩したりトレーニングに後ろ向きになったりしていくことが多いのだ。

「できた!」にフォーカスを当て続けていくことが大切

だから、私がトレーナーとしてトレーニングを見る場合は、決して無理はさせない。実力が伴わない状態でのがむしゃらなトレーニングも禁止している。前にも述べたように、目の前のバーベルを10回上げるとしても、7回目ができて8回目でフォームが崩れたとしたら、そのとたん「はい、今日はここまで」と強制的に終了させてしまう。

そうすると、その人に「7回まではちゃんとしたフォームでできた」というプラスの記憶が残ることになる。きっとその人は、次回チャレンジするときに、「自分は7回まではきっちりできる」という自信を持ち、「願わくば、8回目、9回目ができるといいな」という期待を抱いて臨むことになるだろう。そして、8回目が成功したときには「やった、できた！」というプラスの記憶が残り、9回目に成功したときにはさらにプラスの記憶が上積みされることになる。

勉強でも仕事でも同じだと思うが、「ほら、やってみて」→「昨日よりも少しだけ伸びたよね」→「じゃあ、今日は無理せずここまでにしておこう」→「明日は今日よりももうちょっと行けるはずだ」といった流れで行なっていくと、常に「できている自分」「少しずつ成長している自分」にフォーカスを当て続けていくことができる。そして、フォームを崩すこともなく、どんどんトレーニングに前向きになって、高いモチベーションで自分がやるべきことに取り組むようになっていくのだ。

ロジカルに効率よく結果を出していくには、こういうふうに「できた！」という成功体験を積み重ねて、一歩一歩着実に目的に近づいていくほうがいいのである。一気に100点を取ろうとしなくてもいい。いまは50点だったとしても、明日は51点、明後日は52点と少しずつ着実に成果を伸ばしていって、いつか100点に到達してやるぞと計画的に少しずつ階段を上がっていくほうがずっと効率的なのだ。

Aさんという筋トレ経験のないひょろひょろ体型の人が、私のもとに指導を受けに来たとしよう。Aさんは細マッチョの体型に変身したいという。

そうすると、私はまずAさん用のトレーニング計画を立てる。プロのトレーナーであれば、Aさんが目的のゴールに行き着くまでにどれくらいの時間がかかるのかを的確に見極めることができる。すなわち、必要となる時間を見越したうえで全体のトレーニング計画を立て、一歩一歩少しずつステップを上がっていけるように、Aさんの力量に合ったトレーニングメニューをつくっていくのだ。

そのうえで、Aさんに対し、ゴールに到達するまでどのようなステップを踏んでいくのかをくわしく説明し、ステップごとに「なぜ、いまこのトレーニングをするのか」「なぜ、そのフォームで行なうことが大事なのか」をしっかり納得してもらうようにする。

すると、Aさんは一日一日、トレーニングをするたびに「できた！」という感覚を積み重ねながら、一歩一歩段階を踏んでステップを上がっていけるようになる。また、ある程度トレーニングが進むと日々の努力が結果として実を結ぶようになってきて、だんだん筋肉が盛り上がり、自分の体が変わっていくよろこびを実感できるようになっていく。そして、ひと通り計画が終わる頃には、「細マッチョのボディに変わる」という自分の目的を達成できるというわけだ。

このように、ロジカルにトレーニングを進めれば、遠回りすることなく、最短距離で自分の目的を達成することができるのである。

みなさんはどうだろう。日々のトレーニングで自分の「できた！」という部分にフォーカスを当てることができているだろうか。無理をすることなく、一歩一歩段階を踏んで着実にステップを上がっていくことができているだろうか。無駄に遠回りすることなく、効率よく自分の望む目的へ近づくことができているだろうか。

胸を張って「できている！」と言える自信がないなら、みなさんのトレーニングにはまだまだ改善の余地があるということだ。「ロジカル筋トレ」は、その改善の余地を的確に埋めて、みなさんが目的のゴールにスムーズにたどり着くための助けになることだろう。

日々の生活で体に染みつく「手抜きの省エネ動作」

人間は、自分では合理的に動いているつもりでいても、けっこう「非合理的なこと」や「遠回りなこと」をやってしまっているものだ。

たとえば、地面に落ちたものを拾う際、みなさんはどうやって拾うだろう。きっと、ひざを伸ばしたままの状態で背中を丸めるようにして手を伸ばすのではないだろうか。だが、じつはこれは人体の骨格構造からすると、たいへん腰を痛めやすい非合理的な動作なのである。人体動作としては、いったんひざを曲げてしゃがんで、背すじを伸ばして拾うほうが合理的で、そのほうが腰を痛めにくくなる。

では、いったいどうして非合理的な動作をとるようになってしまったのか。

答えは簡単。そのほうが「ラクだから」である。

人はたとえ非合理的な動作であっても、「こっちのほうがラクだし、省エネで済む」と感じれば、その動作をとるようになってしまう。言わば、「手抜きの動作」である。本来ならしゃがんで拾わなければならないところを、「こっちのほうがラクだから」と手を抜いて立ったまま拾ってしまうわけだ。

わたしたちは日々の生活で、ついついこうした「手抜きの省エネ動作」をとってしまっているものだ。そして、その手抜きに慣れてくると、次第に「手抜き動作」が「いつもの動作」となってきて、だんだん非合理的な動作をとるのが「当たり前」のことのようになっていってしまう。

なお、これはトレーニングも同じである。

どんなトレーニングにも「この筋肉を鍛えるにはこうやるのが合理的だ」というやり方がある。しかし、「こっちのほうがラクだし省エネでできる」というやり方をいったん知ってしまうと、多くの人は「しめた！」とばかりに手を抜いて「ラクなやり方」のほうへ流れていってしまう。先にも述べたように、ベンチプレスなども「ラクに上げられるフォーム」を知ると、みんなそのフォームで上げるようになっていくことが多い。

ただ、その「ラクなやり方」は、手を抜いた省エネスタイルで行なっているものであり、筋肉を鍛えるという本来の目的から逸脱した「非合理的なやり方」「非効率的で遠回りなやり方」だということになる。

筋トレとは「合理的な動作を習得すること」

だから私は、トレーニング指導をする際に、いつも「手を抜かないやり方」「ラクをしないやり方」を教えるようにしている。一切手を抜かず、狙った筋肉にしっかりと負荷がかかる「合理的なフォーム」で行なうことを要求するのだ。

すると、どういうことが起こるか。

普段から手を抜かず、合理的なやり方で筋肉を刺激していると、体の多くの筋肉が眠りから目覚めたかのように本来の動きを取り戻し、自然に「合理的な動作」がとれるようになってくるのだ。

「筋肉が本来の動きを取り戻す」というのは、要するに、それまであまり使われていなかった筋肉がちゃんと使われるようになり、反対に、それまで過剰に使いすぎていた筋肉は適正な範囲で使われるようになっていくということだ。そして、それらの筋肉がしっかり連動するようになると、「人間の動作は本来こうあるべき」という「合理的な動作」をとれるようになっていくのである。

そうすると、アスリートは効率よく目的の筋肉の性能を向上させて、自身のパフォーマンスをより輝かせることができるし、ボディメークの人は効率的に目的の筋肉を大きくして自分の理想とするボディにより近づくことができる。すなわち、「自分の望むもの」を効率よく手に入れられるわけだ。

しかも、日々こうしたトレーニングを習慣にしていると、日常の生活でも「合理的な動作」をとることができるようになっていく。不思議なもので、自然と姿勢がよくなったり、きれいな歩き方をするようになったり、立ち上がり方、しゃがみ方、階段の上がり方などもスムーズで体を痛めにくいものになったり——というように、生活動作がどんどん〝理に適《かな》ったもの〟にシフトしていくのである。

私は、筋トレとは、ある意味、こうした「合理的な動作」を習得するために行なうものだとも思っている。

「合理的な動作を習得する」ということは、すなわち「ラク」や「ズル」「手抜き」に慣れてしまった体をもういちど鍛え直して目覚めさせ、本来あるべき動きを取り戻していくということだ。

本来あるべき動きができるようになると、人の体は〝潜在的な力が解き放たれたかのように〟大きく変わっていく。

だから、ぜひみなさんもロジカルなトレーニングで眠ったままの筋肉を目覚めさせ、「合理的な動作ができる体」を取り戻すようにしていってほしい。そうすればきっと、〝生まれ変わったようによく動く体〟〝生まれ変わったように輝かしい体〟を手に入れることができるはずだ。

「促通」を増やして、筋肉を目覚めさせる

「筋肉を目覚めさせる」という点を、もうちょっとくわしく述べておくことにしよう。

人間の筋肉は、基本的に脳の指令によって動いている。だから、筋肉を目覚めさせるということは、すなわち、脳を目覚めさせるということにも等しい。

脳から筋肉へは、脊髄《せきずい》を経由して無数の神経が通っている。頭からつま先までのひとつひとつの筋肉繊維に対して数えきれないほどの神経が通っているのだが、仮にその神経の全体数を１００だとしよう。

全体を１００だとすると、毎日家と会社を行き来するだけのように「いつも通りのパターンでいつも通りに生活している人」は、〝１００ある神経のうちのだいたい30くらい〟しか活用していないことになるという。つまり、日々の生活でよく活用されている神経は30％程度であり、残りの70％の神経はろくに使われないまま、ほとんど眠ったような状態にあるというわけだ。また、もちろんこれは「日々の生活でよく使われている筋肉はだいたい30％で、残り70％の筋肉はほとんど休眠状態になっている」と言い換えても差し支えないだろう。

だから、わたしたちは、こうした眠ったままの「神経＝筋肉」を目覚めさせていかなく

図4 促通

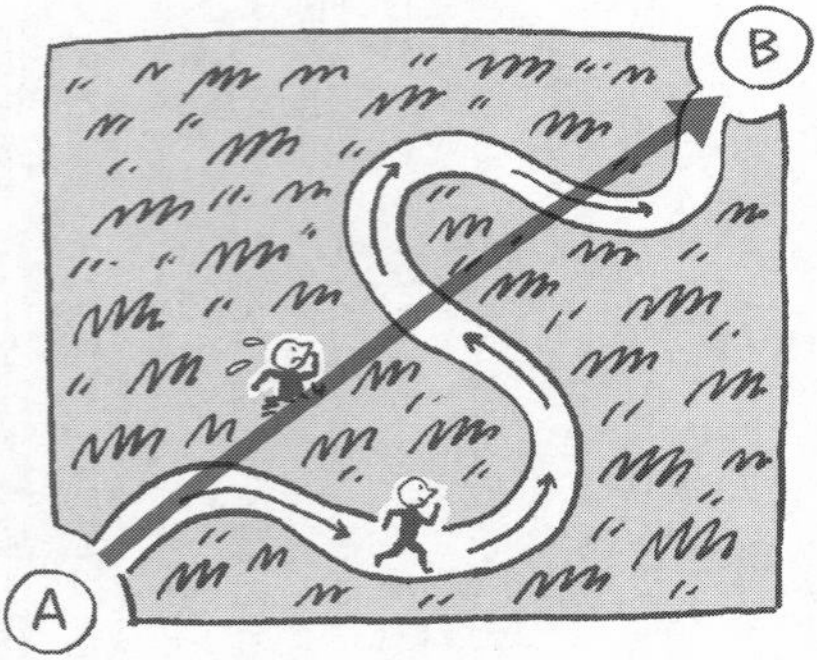

公園のＡ地点からＢ地点までは曲がりくねった道しかない。しかし草をかき分けて一直線に進むことを繰り返せば、最短距離で進める新たな道が開通する。一直線で進もうとするがんばりが、トレーニングである。

てはならない。そして、これらをちゃんと目覚めさせられるかどうかのカギを握っているのが「筋トレ」なのである。

では、日々のトレーニングによって、いったいどうやって神経を目覚めさせ、筋肉を目覚めさせていくのか。

それをご理解いただくために、上の図を見てほしい。

これは「四角いかたちをした公園」を上から見たところだ。公園の入り口の「A地点」から出口の「B地点」に行くには、1本の曲がりくねった道がある。だが、道以外の公園の他の部分は草がボーボーに生い茂ってしまっていて、ほとんど通れない状態になっているとしよう。

草のせいでなかなか通る気にはならないが、本当なら、「A」から「B」まで一直線で進むのがいちばん早くて合理的だ。曲がりくねった道を行くのは、遠回りで時間がかかるし、いかにも非合理的である。それでもまあ、たいていの人は、効率が悪いのを承知のうえで仕方なくこの曲がりくねった道を選ぶのだろう。

しかし、その気になって草をかき分けていけば、「A」から「B」まで、なんとか一直線で進むこともできるのだ。より合理性や効率性を求める人々の中には、ここを一直線で進むことにチャレンジする人が出てくるかもしれない。

たぶん、最初は草をかき分けて進むのはたいへんだろう。ところが、2回目に同じところを進もうとすると、前に通った部分の草が踏まれているので多少通りやすくなる。3回目、4回目と回を追うごとにだんだん通りやすくなってきて、1か月も歩けばなんとなく日々の踏みあとが「道」らしくなってくる。さらに、1年が経った頃にはもう完全な「道」になって、その人だけでなく、多くの人が「こっちのほうが近いから」とどんどんこの道を利用するようになっていく。すなわち、ボーボーに草が生い茂った公園に「新たな道」が開通したことになるわけだ。

つまり、こうやって一直線で進もうとするがんばりこそがトレーニングなのである。最初はきついかもしれないが、日々コンスタントにトレーニングを重ねれば、脳と筋肉をつなぐ「道」である神経回路は少しずつ太くなっていく。草がボーボーでろくに使われていなかった場所に「新たな通り道」ができるのと同じように、トレーニングをがんばれば、休眠状態だった神経と筋肉を目覚めさせ、神経と筋肉をつなぐ新たな回路を開通させていくことができるというわけだ。

トレーナーの業界では、こうやって脳や筋肉を目覚めさせていくことを「促通《そくつう》」と呼んでいる。これは文字通り、「通ること」を「促す」という意味だ。トレーニングでこの「促通」を増やしていけば、「１００あるうちの使われていなかった70の部分」に次々と道を通していくことが可能になる。そして、道を開通させることによって、それまで使われていなかった力を覚醒させていくことができるのである。

菊池雄星は自分の力と才能を引き出す開拓者だった

ここでちょっと考えてみてほしい。

みなさんは、「A」から「B」へ行くのに遠回りをするタイプだろうか、それとも一直線の新たな道を開拓するタイプだろうか。

遠回りを選んだ人は、普段からあまり「なぜ?」を考えず、「いつも通りもともとあった道を通ればいい」「いつものラクなやり方を変える必要はない」と思っているタイプだ。一方、新たな道を開拓するほうを選んだ人は、普段から「なぜ?」を考えていて、「なぜこの道を行かなきゃいけないのか」「やり方を変えてこっちを通ったほうが合理的なんじゃないか」と思っているタイプだろう。

さて、日々のトレーニングで効率よく成果を上げられるのはどっちのタイプかお分かりだろうか。

そう。常日頃から「なぜ?」を考えている開拓者タイプのほうが、より成果を上げていきやすいのだ。「なぜこれをするのか」という発想が根底にあると、「いや、そっちのラクなほうに行っちゃダメだ」「こっちの厳しい道を行かなきゃダメなんだ」といったことを自分と問答しながらトレーニングをするようになる。

そうすると、多くの人がラクな道へと進んでしまうところを踏みとどまって、あえて険しい道に進むことができる。手を抜かず、フォームを崩さず、合理的にトレーニングを進めることができ、自分の努力を着実に成果につなげていくことができるのだ。

それに、このタイプは、自分の中に埋もれていた力や眠っていた才能を引き出していけることが多い。自分の中の未開拓部分に新たな道を開通させるということは、まさに眠れる力や才能を覚醒させるということであり、このタイプのアスリートの中には、日々のトレーニングによって自身の潜在能力を開花させることに成功し、大きなステップアップを遂げていくケースも少なくない。

私がサポートさせていただいたアスリートの中では菊池雄星投手がまさにこのタイプで、彼は日々の地道なトレーニングの中から「自分の埋もれた可能性」をひとつひとつ発見し、その可能性を大きく花開かせていった。彼のトレーニングに取り組む姿勢は、本当に「自分の中の未開拓部分に道を通していく開拓者」のようだった。

だから、ぜひみなさんも、トレーニングで自分の中の「道」を開通させて、力や才能を目覚めさせていってほしい。しっかりとした「道」が通れば、脳と筋肉との連絡性が高まって、以前よりスムーズに筋肉を動かしたり、以前では考えられなかったようなハイレベルなパフォーマンスを行なえたりするようになっていく。

そしてさらに、自分という人間も変わっていく。くわしくは後の章で述べるが、自分の中の力や才能を開拓できるようになると、自信がついて物事に取り組む姿勢や意欲などが変わっていく。スポーツ面だけでなく、仕事やプライベートなどさまざまな面で結果を出せるようになっていくのだ。

つまり、「道」が開通すると、何事も遠回りではなく「近道」を行けるようになり、効率的・合理的に物事を進められるようになっていくわけだ。きっと、これまでさまざまな面で伸び悩んでなかなか成果を上げられなかったみなさんも、「いつも遠回りばかりしていたパターン」から「効率よく着実に成果を上げられるパターン」へと、自分という人間を大きく変えていけるようになるだろう。

では、具体的にどんなことをすればいいのか。ロジカル筋トレの具体的内容については、次章からじっくり述べていくことにしたい。第2章では「体幹」、第3章では「上肢」、第4章では「下肢」。それぞれに分けて、「力を合理的に発揮する術《すべ》」を体に学ばせるコツを紹介していくことにしよう。これらのコツを体得すれば、きっとみなさんも筋肉を思い通りに手なずけていくことができるはずだ。

そもそもトレーニングとは、わたしたちの中の可能性を引き出してくれるものだが、どうせやるなら、効率よくたくさんの可能性を引き出せるほうがいいに決まっている。ロジカルにトレーニングを行なって筋肉を手なずけていけば、その可能性を無限に広げていくことができるのだ。

もう迷うことはない。

もう遠回りする必要もない。

未知なる自分の可能性をどんどん引き出していこう。

ロジカル筋トレを行なえば、人は大きく変わる。

第2章 体幹

——腹筋と腰背部の筋肉は固めてはいけない

間違いだらけの腹筋トレーニング

腹筋――。

筋トレをする人は数知れないが、トレーニング愛好者の誰もが例外なく「こだわり」を持っている場所はやはりここなのではないか。

最近では、「腹筋タテ割れ」「シックス・パック」「腹筋カチカチ」「腹筋鉄板状態」といったように、「鍛えられた腹筋」を称賛する言葉もよく耳にするようになった。実際、「腹筋を割りたいんですけど」という理由でトレーニング指導を申し込んでくる人も少なくない。

おそらく、「硬そうな腹筋」「タテ割れした腹筋」というのは、たくましさや強さの象徴なのだろう。

腹のたるみは何かと目立つ。やわらかくたるんだ腹や大きく突き出た腹の持ち主にしてみれば、鋼《はがね》のように硬く鍛えられた腹筋は一種のあこがれでもある。そういう〝他人からあこがれられるようなたくましさや強さ〟を象徴する部分だからこそ、トレーニングを志す人は、腹筋を鍛えることにこだわりを持ち、こぞって力を注ぐようになっていくのではないだろうか。腹筋を鍛えること自体はすばらしいことであり、ぜひ取り組んでほしい。

しかし――。

腹筋はただやみくもに鍛えればいいというものではない。また、ただカチンカチンに硬く固めさえすればいいというものでもない。

じつは、日々腹筋を鍛えている人々には、「間違った知識」や「間違ったトレーニングの仕方」を信じ込んでしまい、まったく見当違いな方向に突っ走ってしまっている人が非常に多いのだ。

なかには、腹筋をガチガチに固めたために、かえって自身のパフォーマンスを落としてしまっているケースも目立つ。腹筋へのこだわりが逆にマイナスの結果を招いてしまっているわけだ。

なぜ、腹筋を固めることがパフォーマンス低下につながるのか。その理由はこれから順を追って説明していくことにしよう。

この第2章では、腹筋と腰背《ようはい》部の筋肉、すなわち、腰周りの体幹の筋肉を中心に取り上げていく。腹筋や腰背部をロジカルに鍛えていくにはどうすればいいのか、また、これら体幹部の力を合理的に発揮させていくにはどうすればいいのか、くわしく述べていくことにしよう。

起き上がり運動をいくらやっても腹筋が割れない理由

腹筋に対するいちばんの誤解。それは「腹筋トレさえやっていれば腹筋が割れてくる」と勘違いしている人が多い点だろう。

みなさんの中にも腹筋をタテ割りさせるため、上体を繰り返し寝かせたり起こしたりする腹筋運動に励んできた人がいらっしゃるかもしれない。そんな人々は、きっと〝えっ、ウソ、違うの!?〟と驚いているのではなかろうか。

せっせとがんばってきたみなさんには申し訳ないが、腹筋トレはいくらやったとしても腹筋をタテ割りさせることにはつながらない。

では、いったい腹筋をタテ割れさせるにはどうすればいいのか？

それには、体脂肪を落とすことだ。

意外に知られていないのだが、「腹筋のタテ割れ」は腹部体脂肪の減少によって起こる現象なのである。すなわち、体脂肪さえ減らしていけば、腹筋トレなんかまったくやらなくても筋肉が浮き出て腹が自然に割れてくる。要するに、「タテ割れ」という現象に関係しているのはあくまで体脂肪の量であって、筋トレの量はあまり関係していないのだ。

まあ、日々腹筋トレをがんばっていれば、腹直筋などが太くなってはくるので、浮き出てきた腹筋を多少目立たせることにはつながるかもしれない。しかしながら、「筋肉が割れたように浮き出てくる」という現象そのものは、「体脂肪の減少」という条件が満たされなければ絶対に起こり得ない。

これに関しては、大相撲の力士たちの腹筋が割れていないのを見れば腑に落ちる。もちろん力士たちはこれでもかというくらい腹筋を鍛えていて、常人とは比べ物にならないほどの太い腹筋を備えている。だが、そうした腹筋の盛り上がりは、分厚い脂肪の下に隠れてしまっていてまったく見えない。つまり、力士たちの身に「体脂肪の減少」という事態が起こらない限り、彼らの「驚異的に盛り上がった腹筋」にお目にかかれることは永遠にないことになる。

なぜ、腹筋トレをがんばってもタテ割れにつながらないのか、みなさん納得していただけただろうか。

先述したように、私のもとにも「腹筋を割りたいんで、トレーニングのやり方を教えてください」といったことを言ってくる人がいる。そういう人に対しては、私は筋トレではなく、体脂肪を落とすための指導をするようにしている。

当人は「なぜ、筋トレを教えてくれないんだろう？」と不思議そうな顔をしているが、私からすれば「筋トレさえ行なえば腹筋が割れてくる」と何の疑いもなく思い込んでしまっていることのほうが不思議でならないのである。もちろんその後、「なるほど、そういう理由なのか」と納得できる説明を十分に行なうことは言うまでもない。

腹筋トレではおなかの脂肪は1グラムも減らない

腹筋運動をやっても、体脂肪が落ちなければ腹筋タテ割れにはつながらない――。その事実を知ったみなさんの中には、「なんだ、じゃあ、おなかにたまっている体脂肪が落ちるくらいに腹筋トレーニングをがんばればいいだけの話じゃないか」と考える人もいらっしゃるかもしれない。

しかし、残念ながら、これも「タテ割れ」にはつながらない。

なぜなら、腹筋トレをがんばったところで、おなかの脂肪は減ってくれないからだ。

ここではっきりお断りしておこう。

腹筋トレーニングをやっても、脂肪は1グラムも落ちない。おなかの出っ張りも1ミリも引っ込みはしない。また、これと同じように、腕立て伏せをやっても二の腕の脂肪は落ちないし、スクワットをやっても下半身の脂肪が落ちることはない。つまり、筋トレの動きによってやせることはないのだ。

「そんなバカな！　じゃあ、これまでやせようとがんばってきたトレーニングは何だったんだ」と思う人もいるかもしれない。

そういう人々には、非常に残酷な宣告を突きつけるようでたいへん申し訳ないのだが、「筋トレ自体ではやせない」ということは医学的・科学的な事実なのだから仕方ない。

まあ、テレビなどのメディアでは、筋トレをすればスリムになるかのようなイメージが喧伝されているので、筋トレでやせると誤解してしまう人が多いのもやむを得ない。具体的な例を挙げれば、有名シェイプアップジムのテレビＣＭを見て、「自分もあんなふうにやせたい」と思う人も少なくないはずだ。

だが、あれは基本的に食事制限によってやせているのだ。

多くのシェイプアップジムでは、毎日の食事を徹底的に管理して制限することによって脂肪を落としている。ただ、食事制限だけでやせると筋肉まで落ちてしまうから、そうならないように筋トレをしっかりやりましょうというスタイルをとっている。つまり、「脂肪を落とせた」「やせられた」という〝結果〟を出すことができているのはあくまで食事制限のおかげであって、筋トレのおかげではないのである。

だから、「筋トレで腹をへこませよう」という願望を持つのはやめたほうがいい。「汗びっしょりかいてがんばれば、少しくらいは脂肪も減るだろう」と思っている人もいるかもしれないが、そういう希望的な観測も捨てたほうがいい。とにかく、筋トレ自体では脂肪は1グラムも減らないと考えるべきだ。

一応、脂肪が減らない理由を簡単に述べておこう。

その理由は、筋トレを行なうことで消費されるエネルギーが、脂肪ではなく糖分だからだ。筋力トレーニングのような無酸素運動では、体を動かすエネルギーとして、体内にストックされた糖分が使用される。

これらの糖分は普段グリコーゲンというかたちで肝臓や筋肉内に貯蔵されていて、わたしたちはこれらのグリコーゲンや、血中のブドウ糖を引き出して使うことで筋トレを行なっている。そして、この一連のエネルギー消費プロセスの中で脂肪が使用されることはほぼない。

すなわち、どんなに腹筋トレをがんばったところで、体内の糖分が減っていくだけで、脂肪が減ることはない。そのため、いくら腹筋トレをやっても一向におなかの脂肪は減らないのである。

ただし、筋トレ後の日常生活の時間帯では、糖分はグリコーゲンの再貯蔵のために使われるため、体はエネルギー源として体脂肪を優位に使いたがる。だから厳密に言うなら筋トレ後に脂肪が減少することは事実だが、「これだけがんばったんだからずいぶん脂肪が燃焼したはずだ」などとみなさんが期待するほどには、脂肪は減ってくれない。

話を元に戻そう。腹筋トレをいくらがんばっていても一向におなかが引っ込んでこないし腹筋も割れてこない。では、効率よく腹筋をタテ割れさせるには、どんな方法をとればいいのだろうか。

それには、とにかく体脂肪を落とさなくてはならない。体脂肪を減らすために必要となるのは、やはり食事コントロールと、体脂肪をエネルギーとして使う有酸素運動である。体内に入ってくるエネルギー量を減らし、体内から出ていくエネルギーを増やしていくのがいちばん効率的だ。適度にバランスよく食事制限をしつつ、ジョギングやウォーキングなどの有酸素運動をしっかり行なっていけば、徐々に体脂肪が減っていくことだろう。そうすれば、おなかが引っ込み、だんだんと腹筋が浮き出てくるはずだ。

それと、強いて言うなら、体脂肪を減らすのと同時並行でクランチやレッグツイストなどの腹筋を強化するトレーニングを行なっていくといい。体脂肪を落とすのと同時進行で腹筋を太くしていけば、より腹筋の盛り上がりがくっきりしてくるようになる。だいたい食事コントロール80％、有酸素運動20％、筋トレはプラスαという感じだ。そうすれば効率よくスピーディーに「タテ割れ」をゲットできることだろう。

「腰痛解消のために腹筋をつける」は大間違い！

「タテ割れ」や「ダイエット」とともに、腹筋への誤解でたいへん多いのが「腰痛」に関する勘違いである。

みなさんの中にも「腰痛の人は腹筋を鍛えるべきだ」という話を聞いたことがある人が多いのではないだろうか。

しかし、この話はあまり信用できない。どんなに腹筋トレをがんばっても腰痛が改善されないことが多いからだ。むしろ、腰痛持ちの人が間違った腹筋トレーニングをしたりすると、かえって痛みを悪化させてしまうこともあるので注意が必要だ。

そもそも、腹筋が強いか弱いかは、直接的には腰痛には関係ない。

これに関しては、腹筋を鋼のように鍛え上げたアスリートにも腰痛持ちが多いことが何よりの証拠となるだろう。プロ野球選手にもプロサッカー選手にも腰痛に悩まされている人は山のようにいる。どんなに腹筋を鍛えても、腰痛になる人はなってしまうわけだから、腰痛の原因が別の部分にあるのは明らかだ。逆に、腹筋が弱いのにまったく腰痛にならない人も多い。

では、腰痛を引き起こす原因は何なのか。

いちばんの原因は、その人の姿勢にある。たとえば、普段から「反り腰」姿勢をとっている人は、その姿勢で立ったり歩いたりしているだけで大きな負担が腰にかかることになる。それに、前傾姿勢で歩くクセやひざを曲げて歩くクセ、重いカバンを持つときの姿勢や荷物を持ち上げるときの動作習慣なども腰への負担につながっていることが多い。そういった日々の生活での「腰に負担をかける姿勢」が年々積み重なって腰痛へとつながっていくのだ。

だから、いくら腹筋トレをやったとしても、こういった「腰に負担をかける姿勢」が改善されなければ腰痛が解消されることはない。

図5 反り腰姿勢の人

反り腰姿勢の人、重いカバンを下げている人などは腰への負担が大きく、腰痛の大きな原因となってしまう。

さらに言えば、仮に〝腹筋が強いほうが腰痛を防ぐのに有利〟だったとしても、トレーニングによって腹筋をガチガチに固めてしまうのは疑問だ。

私は、腹筋をはじめとした体幹の筋肉には、そのときの動きや衝撃に応じて、力を入れるべきときは入れ、力を抜くべきときは抜けるような柔軟性が必要だと考えている。ガチガチに固めるだけが能ではなく、その時その時にかかってくるプレッシャーに臨機応変に対応できるしなやかさがあるほうがいいのだ。

だから、腰痛をなんとかしたいというときに、腹筋トレに励んでコルセットでも巻いたかのように固めてしまうのはナンセンスだ。

腰痛を防ぎ、腰を長持ちさせていくためには、腹筋は固めたままではいけないのである。

腹筋をガチガチに固めるとパフォーマンスが下がる!?

腰痛の有無にかかわらず、私は、腹筋をあまりに硬くしすぎるのは考えものだと思っている。

いったいなぜか。ここは順序立てて説明することにしよう。

まず大前提として、腹筋をはじめとした体幹の筋肉は、あらゆる運動動作の基本となる部分だ。よく知られるように、柔道・空手・剣道などの日本の武道においては、体の中心である「肚《はら》（丹田《たんでん》）」に力を込めることを古くから重視してきた。「肚」に十分な力が入れば、おのずと軸がしっかりして姿勢やフォームが整ってくる。そして、姿勢やフォームが整えば、よりスムーズに、より大きな力を出すことができるようになっていく。そのため、どんな動きをするにしても、腹筋に「グッと力を込められる状態」にすることが「基本のキ」となるわけだ。

たとえば、テニスでサーブを打つときを想像してほしい。強いサーブを打つには、ボールをラケットで捉える瞬間、腹筋にグッと強く力を込めなくてはならない。これができているのとできていないのとでは段違いで、腹筋に力が入っていない場合、腕の力だけでラケットを振っているようなフォームになって、ひょろひょろっとした弱々しいサーブしか打てなくなってしまう。

このように、わたしたち人間の体は、腹筋をはじめとした体幹の筋肉をしっかり働かせていてこそ、スムーズかつ合理的に筋肉を動かして、高いパフォーマンスを発揮できるようになっている。だから、日々のトレーニングで体幹を鍛え、しっかり力を入れられる状態にしていくことは非常に大切なのだ。

しかし――。

腹筋・体幹が重要だからといってあまりにガチガチに固めすぎてしまうと、逆に体の動きを落とすという〝ざんねんな結果〟を招いてしまうのである。

その理由は、ガチガチに固めてしまうと、常に力が入りっぱなしのような状態となり、突然大きな衝撃がかかったときなどに、その衝撃を逃がすための〝逃げ場〟がなくなってくるからだ。とくにアスリートの場合、ボディコンタクトなどによって途方もないインパクトが腰にかかってくることが少なくない。そういった場合、「力をスッと抜く」という動きで、かかった衝撃の力をうまく逃がさないと、インパクトをまともに喰らい、腰の状態を悪化させてしまうことにつながりかねないのだ。

腹筋には、力を入れるべきときにはグッと力が入り、力を抜くべきときはスッと抜けるような〝しなやかな柔軟性〟が必要である。こうした柔軟性がなくなれば、当然ケガもしやすくなる。

だから、いくらシックス・パックやタテ割れがもてはやされているからといって、腹筋をガチガチに固めすぎてしまうのは考えものなのである。アスリートの中には、腹筋をガッチガチに固めて体幹がろくに動かないような状態にしてしまい、そのために体の動きを落としてパフォーマンスを低下させてしまうような人も少なくない。腹筋を固めすぎて動かなくしてしまうと、腰をひねったり腰をかがめたり丸めたりする動作もできにくくなってくる。まるで邪魔なコルセットでも装着しているかのように、体の動き全体がぎこちないものになっていってしまうのだ。

体幹は下肢の力を上肢へと伝えるブリッジ

〝いったいどうして腹筋を硬くしすぎてはいけないというのか〟――きっと腹筋を鍛えるのがお好きなみなさんの中には、いまひとつ納得がいかず、もっとちゃんとした理由を説明してほしいと思っている人も多いはずだ。

そんなニーズにお応えして「腹筋を固めるのがNGである理由」をひと言で説明するなら、それは「体の連動性が落ちるから」ということになる。

腹筋は全身の連動性の要だ。

私は、腹筋をはじめ体幹の筋肉の、いちばん大切な役割は「下半身の力を上半身に伝えること」だと考えている。

つまり、橋渡し役であり、ブリッジの役目を果たしているところだ。腹筋や腰背部などの体幹の筋肉が「ブリッジ」となって下半身の力を上半身へと伝達しているからこそ、わたしたちは全身の体の筋肉をスムーズに連動させてさまざまな運動や動作を行なうことができるのである。

たとえば投球動作で考えてみてほしい。強い球を投げるには、骨盤がキャッチャー側に向いているときに、胸はまだ横を向いていることが望ましい。すなわち胴体をひねった状態にする「ワレ（割れ）」が重要なのだ。このワレた状態から体幹に力を入れて、一気に胸を正面に向ける力こそが球速を上げるために不可欠なのである。

ところが、腹筋をガチガチに固めすぎている人は、この上半身と下半身の「ワレ」がつくれず、力の伝達が悪くなってしまう。腹筋を固めすぎたせいで「下半身の力を上半身に伝達する」という体幹本来の機能が落ち、そのために体の連動性を低下させてしまっているというわけだ。

筋トレ好きには、ついつい体幹を鍛えすぎて、こうした〝罠〟にハマっていってしまう人が少なくない。

私は、腹筋をはじめとした体幹の筋肉は、「動きの中でこそ力を発揮する筋肉」だと考えている。

野球でもサッカーでもゴルフでも、どんなスポーツにおいてもそうなのだが、試合やゲームの状況は刻々と動いてめまぐるしく変化している。その動的変化の中には、グッと肚に力を込めて衝撃に耐えなくてはならない瞬間もあるし、肚の力を抜いてラクにしていたほうがいい瞬間もある。つまり、体幹の筋肉に求められているのは、こういった一瞬一瞬の動的な変化にしなやかに対応して「体を連動させる力」を発揮していくことなのだ。

だから、本当の意味で体幹がしっかり鍛えられている人は、力を入れるべき瞬間は入れ、力を抜くべき瞬間は抜いて、その時々の動きの流れの中でブリッジを利かせながら下半身と上半身を連動させていくことができる。そして、こうした臨機応変の「ブリッジ力」が備わっていると、ここぞという場面ですばらしいパフォーマンスを発揮できるようになっていくものなのだ。

「固める」よりも「動きのトレーニング」を重視せよ

さて、ここまでで、体幹の筋肉は「固めすぎてはダメだ」ということがお分かりいただけたのではないかと思う。

ところが――。

ここ10年ほど、とくに自重系の筋トレをする人々の間で「体幹を固めて安定させるためのトレーニング」が流行《はや》っている。たとえば、床に両ひじと両つま先をついて体を板のように固め、片手を床から離して前方へ伸ばし、手と反対側の片足を床から離して後方へ伸ばしたまま静止するようなトレーニングだ。きっと、みなさんの中にもこのタイプのトレーニングをやったことがある人は多いだろう。

こうしたトレーニングは、専門的にはスタビライゼーションと呼ばれている。スタビライゼーションとは「固定する」「安定させる」という意味で、その言葉通り、体幹の筋肉を固めて安定させるために行なわれるトレーニングだ。体幹強化を目的としているため、単に「体幹トレーニング」と呼ばれることも多い。

しかし、ここまでの話の流れでお分かりいただけると思うが、私はこうしたスタビライゼーション系の体幹トレーニングの流行には少々疑問を抱いている。

なぜなら、このトレーニングを行なっていると、体幹を固めることばかりがフォーカスされ、動きへの対応力が置き去りにされてしまいがちだからだ。

スタビライゼーション系の体幹トレーニングでは、「体の動きを止めた状況での体幹の保持力」を高めることはできる。だが、「動きの流れの中で発揮されるような体幹の対応力」を高めるのにはあまり向いていないのである。

もちろん、スタビライゼーションが大きな効果を発揮するケースもある。とりわけ、体幹の力が弱い人が「腹筋にしっかり力を込めて姿勢保持力を高める」ために行なうような場合は、このトレーニングが極めて重要だ。もともとスタビライゼーションはリハビリテーションから生まれたトレーニングで、病後や手術後などのリハビリで最低限の姿勢保持力をつけるために考案されたものなのである。

だから、体幹にそこそこの力があり、ある程度の姿勢保持能力を備えている人は、もうそんなにこのトレーニングにこだわる必要はない。

プロアスリートでも、このスタビライゼーション系トレーニングを延々とやっている人を見かけるが、彼らはそのトレーニングの意味をどれだけ理解しているのだろうか。普段から筋トレを行なっていて、自分の筋肉に多少自信がついてきたような人であれば、スタビライゼーションは卒業して、早々に次のステップへと向かうべきだろう。

すなわち、ある程度体幹に力がついてきたなら、「固めるトレーニング」よりも「動きへの対応力をつけるトレーニング」へと切り替えていくほうがいいのである。いつまでも「固めるトレーニング」にばかりこだわっていると、そのうちに体幹がガチガチに固まってしまい、下半身から上半身へのブリッジの力が落ちてしまう事態に陥らないとも限らない。実際、毎日スタビライゼーション系の体幹トレーニングばかりをやっていて、自身のパフォーマンスを低下させてしまったアスリートも少なからずいるのだ。

とにかく、「体幹を鍛える」ということは、「体幹を固める」ということとイコールではない。体幹を鍛えるうえで大事なのは「固めること」よりも「動きへの対応力をつけること」。そこをはき違えないようにしながらトレーニングを行なって、下半身から上半身への「伝える力」に磨きをかけていくべきなのである。

見逃されがちな腰背部の筋肉の秘めた力

繰り返すが、腹筋の仕事は、動きの流れの中で下肢の力を上肢へと伝えることだ。ピッチャーが投げるとき、バッターが打つとき、ゴルファーがドライバーショットを打つとき、フォワードがシュートを打つとき、一般の人が歩いたり走ったりしゃがんだりするとき……そういうさまざまな動作の流れの中で、腹筋をちゃんとブリッジとして使えていることが重要なのである。

そして、こうした仕事を腹筋にしっかりさせるために、絶対に忘れてはいけない筋肉がある。

それが「腰背部の筋肉」だ。

腰背部の筋肉は、簡単に言えば「腹筋の裏側の腰周りにある筋肉」。腹筋と対をなしている筋肉であり、腹筋と腰背部の筋肉は「拮抗筋《きっこう》」の関係にある。

拮抗というのは、互いに反対の力を生み出す関係にあるということだ。簡単に言えば、腹筋に力が入れば、腰背部の力が抜け、腰が丸まって骨盤が後傾する。反対に、腰背部に力が入れば、腹筋の力が抜け、腰が反って骨盤が前傾する。このように両者はお互い持ちつ持たれつで体幹を支えているのである。

ちなみに、腹筋の力が弱く、おなかにグッと力を込めることができないと、おのずと腰背部の力が勝りがちになり「反り腰」の状態になることが多い。反り腰の状態だとどんな動作をするにも肚に力が入らず、体幹のブリッジを利かせることができない。そのため、足腰の力を上半身に伝えることができず、一部の筋肉に負担をかけて行動をするようになるため体が疲れることが多くなる。また、反り腰だと絶えず腰に負担がかかり、腰痛になるケースが非常に多いことは先ほども述べた。

逆に、腰背部の筋肉の力が弱いと、腰が丸まりがちになっていく。これも問題であって、姿勢がねこ背気味になり、老けて見えたり疲れて見えたりするようになってしまう。それに、腰が丸まっていると、何か重い物を持ち上げるようなとき、背骨が悲鳴を上げやすくなる。当然ながら、こちらの場合も腰痛などのトラブルに悩まされがちになるケースが多い。

このように、腰は反りすぎているのもいけないし、丸まりすぎているのもいけないのである。いちばんいいのは、反りすぎでもなく、丸まりすぎでもなく、常にニュートラルな状態を維持できることだ。

では、ニュートラルな状態を維持していくにはどうすればいいのか。

それには腹筋と腰背部の筋肉の両方を、バランスよく鍛えていかなくてはならない。腹筋を鍛えれば、腰が反りすぎるのを抑制することができるし、腰背部の筋肉を鍛えれば、腰が丸まりすぎるのを抑制することができる。両方を鍛えて腰をまっすぐの状態にコントロールしていくことができれば、姿勢もスラッと伸びてきれいになっていくし、腰痛などのトラブルに見舞われるのを防いでいくこともできる。

そして、この両方をバランスよく鍛えていくと、必要に応じて体幹の筋肉全体で力を入れたり力を抜いたりの融通性を高めることができるし、両方力を抜いた状態をつくれるようにもなる。これにより、さまざまな動作の流れの中でしなやかにブリッジ力を発揮できるようになっていくのである。

だから、体幹の筋肉を使えるようにしていくには、本当は腹筋だけでなく腰背部の筋肉もセットで鍛えていくべきなのである。

みなさんはどうだろう。日々のトレーニングで体幹の力を存分に引き出すことができているだろうか。ひょっとして、腹筋ばかりを固めて、腰背部を鍛えるのをほったらかしにしてはいないだろうか。

そういう人は、これまでのトレーニングをロジカルな眼で見直して、体幹の筋肉を本当の意味での「使える状態」へと目覚めさせていくべきだろう。体幹を鍛えるために大事なのは、「固めること」よりも「動きへの対応力をつけること」。その本来の力をトレーニングで合理的に引き出していけば、きっとみなさんの体幹は〝ここぞ〟という大切な場面ですばらしい力を発揮するようになっていくはずだ。

あなたのトレーニングはどこが「ざんねん」だったのか

さて、第2章のここからは、体幹の筋肉を効率よく合理的に鍛えていくためのトレーニングのハウツーを紹介していくことにしよう。

先にも述べたように、世の中には成果につながりにくい非効率的な筋トレをしている人がたくさんいる。腹筋や腰背部の体幹を鍛えるメニューにおいても、力の入れ方や体の動かし方が微妙にズレていたり間違っていたりするせいで、なかなか思うような効果を上げられずにいるケースが多い。

つまり、そういう人々は、知らず知らずのうちに「ざんねん筋トレ」を行なうのが習慣になってしまい、そのせいで自分が望む目的に到達するのに、ものすごく遠回りをしてしまっているわけだ。

ここでは、そうしたトレーニングのいったいどこが「ざんねん」だったのか、それをロジカルで合理的なトレーニングにするには、どこをどう変えていけばいいのかを述べていくことにしたい。まずは「体幹編」として、成果が上がりづらい「ざんねん筋トレ」と、成果が上がりやすい「ロジカル筋トレ」とでどこがどう違うのかを、ポイントを絞ってご紹介していくことにする。

ただ、ひとつお断りしておこう。

この本は、筋トレメニューのやり方をいちいち解説するような教科書ではない。トレーニングのやり方を解説するのではなく、あくまで「ざんねん筋トレとロジカル筋トレの違い」を明らかにすることを主眼にしている。

そのため「基本的なやり方」とか「基本的な注意点」とか「基本的なマシンの使い方」とか、そういった教科書的な部分の説明は思い切って割愛させていただくことにする。もし、そうした「教科書的な解説」が必要な場合は、ネットやユーチューブ、他の筋トレ本などを参考にしてほしい。

〈クランチ〉
頭だけを動かして「やったつもり」になってはいないか

ざんねん筋トレ

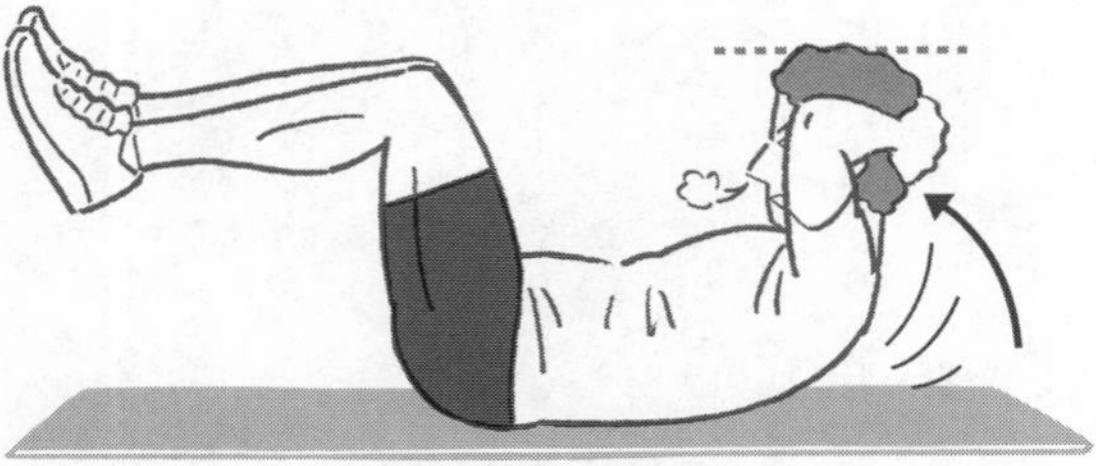

あごを引いて、頭をなるべく足のほうに近づけようとしている人。背中はほとんどが床についたままの状態。「しっかりおへそをのぞき込むように」しているのがざんねんポイント。

鍛えられる筋肉➡ 腹直筋

ロジカル筋トレ

頭から背中へのラインが一直線になっている。「胸から先に行く」ような感じで腹筋運動をしている。頭の高さは「ざんねん」も「ロジカル」も同じだが効果はまったく違う。頭を動かすことにフォーカスするのは失敗のもとだ。

〈シットアップ〉
アスリートや疲れにくい体づくりを目的とする人には、腹直筋だけを鍛えるクランチより筋肉の連動性を高められるシットアップのほうが「ロジカル」だ。

腹筋を鍛えるトレーニングとして、誰もがまっ先に思い浮かべるのがクランチだろう。昔から広く行なわれている腹筋運動であり、「ひざを曲げたやり方」「足を浮かせたやり方」「足を台に乗せて行なうやり方」などいくつかの方法がある。ただ、どのやり方をするにしても、筋トレ効果を十分に出せるか出せないかを分けるポイントは一緒だ。

そのポイントは「頭」である。「ざんねん筋トレ」の人は、上体を起こす際、頭を大きく移動させることに意識を向けてしまう傾向がある。この「頭の動き」が大きい人の場合、上体を起こすたびにあごを引いて、頭を足のほうにグッと押し出すような動きをしている。おそらく、そのほうがより「やっている感」が出て、自己満足が得られるのかもしれない。

頭はボウリングの球と同じぐらいの重さがある。頭を足の方向に引きつけてしまうと、その「重り」が足の方向に移動してしまう。「重り」は足から遠いところにあるほうが負荷が大きいので、これではラクをしているということになる。

インストラクターの中には「へそをのぞき込むように上体を起こせ」と指導している人もいるようだが、これはむしろラクをしている動きである。「へそをのぞき込むように頭を下げると、負荷が減って十分な効果を得られなくなってしまう」と考えたほうがいい。

では、こうした点を踏まえ、ロジカルにクランチを行なうにはどうすればいいのか。それには、頭と背中を一直線にして、「胸から先に行く」ようなつもりで上体を起こしていくといい。腰を十分に丸め、腹の力だけを使って上体を上げ下げしていくのである。

このスタイルで行なうと、腹直筋を思いっきり酷使せずにはいられなくなり、結果、段違いの筋トレ効果が得られることになる。すなわち、頭を足のほうに引きつける動作ではなく、腰を丸める動作が重要なのである。「頭を動かすことと腹筋は関係ない」と考えられるかどうかが、「ざんねん」と「ロジカル」の分かれ目となる。

なお、クランチで鍛えられる筋肉は、腹直筋オンリーだ。このため、ボディメークの人が腹直筋に狙いを絞って行なうなら、とても好都合なトレーニングとなる。だが、アスリートの場合は腹直筋のみを使う動きをすることはほとんどなく、腸腰筋をはじめ、複数の筋肉の連動で動くことが必要だ。

そのためアスリートはクランチと同系統の腹筋トレである「シットアップ」を行なうといいだろう。シットアップであれば、腹直筋だけでなく腸腰筋も鍛えることができる。腹筋を中心とした筋肉の連動性を高めることができ、パフォーマンス向上に役立てていくことができるはずだ。疲れにくい体づくりを目的とする人もシットアップがベターである。

〈ツイストクランチ〉
「体を起こしてからひねる」のでは意味がない

ざんねん筋トレ

体を起こしたあとで左右にひねっている。

鍛えられる筋肉➡ 腹斜筋・腹直筋

ロジカル筋トレ

体をひねった状態をキープし
ながら体を起こすようにする。

体のひねりを加えたクランチ、すなわちツイストクランチは、主に腹斜筋を鍛えるトレーニングだ。

だが、みなさんはその「ひねり方」を根本的に間違えてはいないだろうか。もしかして、上体を起こしたあとに「フンッ」「フンッ」「フンッ」と何回も体をひねって、それでツイストクランチをやったつもりになってはいないだろうか。

じつはそのやり方が「ざんねん筋トレ」の典型なのだ。

なぜなら、〝上体を起こしてから〟体をひねるのは、単なる「振り向き運動」をしているだけのようなもの。そもそも、体を起こしてから体をひねっても腹斜筋への負担はまったくと言っていいほどかかっていない。

考えてみてほしい。クランチは起き上がるときに頭と胴体の重さが負荷として筋肉にかかっているが、起き上がってから胴体をひねっても、筋肉には負荷がかからない。つまり、「腹斜筋を鍛える」というトレーニングの目的はほとんど果たせていないことになる。

では、どうすればいいのか。

答えは簡単。最初から体をひねり、ひねった状態をキープしながら上体を起こすようにすればいいのだ。そうすると、上体の重みがどっとのしかかってきて、一所懸命腹斜筋に力を込めていないと体をほとんど起こせなくなる。

このように、ツイストクランチでは「体を起こしてからひねる」のと「体をひねってから起こす」のとで腹斜筋への効果がまるで違ってくるのである。ただ、フィットネスクラブなどを見学していると、「起き上がってからの『フンッ』『フンッ』」をやって、がんばって鍛えているつもりになっている人はけっこう多い。ロジカルに考えれば、体を起こしてから「フンッ」「フンッ」をつけ足してもたいして効果が上がらないということは分かるはずなのだが……。

結局、「ひねること自体には負荷がかかっていない」という点を考えずにいることが、ロジカルではないということなのだ。

〈レッグツイスト〉
左右の足をズラしてしまうと効果が半減!

ざんねん筋トレ

レッグツイストの最初の姿勢。これは「ざんねん」「ロジカル」共通だ。

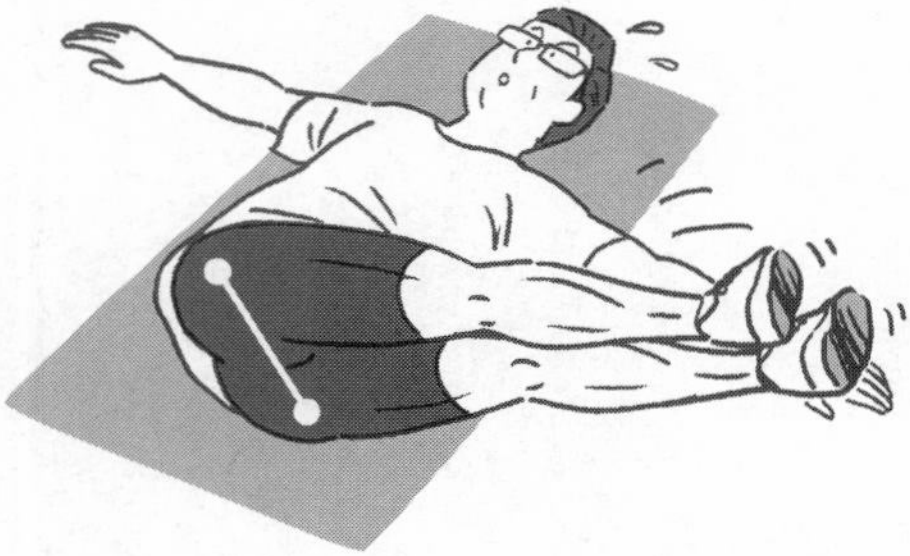

足を床に近づけたときに、両足がそろわずズレてしまうのは「ざんねん」だ。

鍛えられる筋肉➡ 腹斜筋・骨盤周りの筋肉など

ロジカル筋トレ

両足がそろっていれば、「ざんねん」の
フォームより骨盤がしっかり回転する。

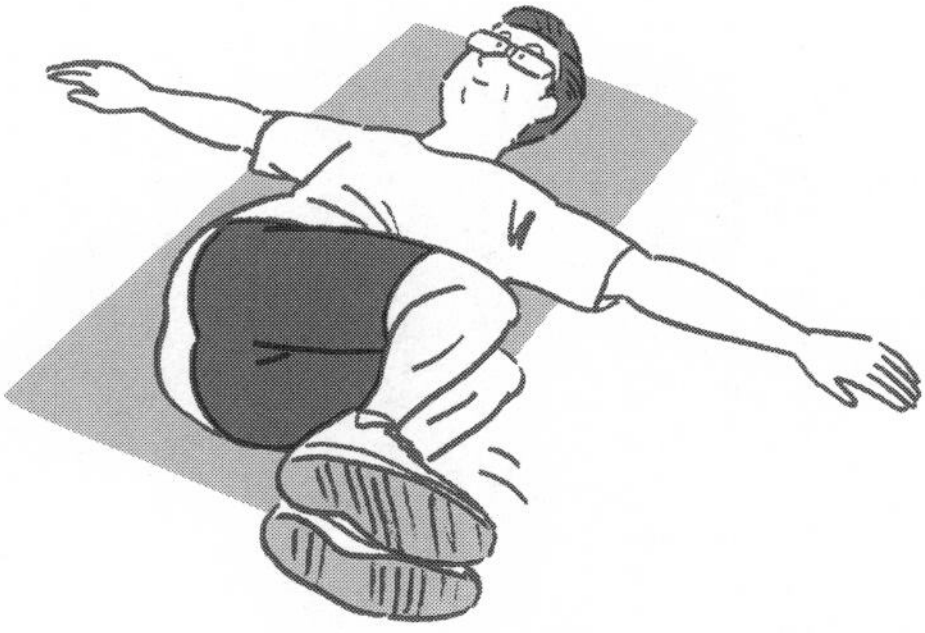

ひざを曲げたフォームの場合は、両ひざも両足の
先もぴったりくっつけたままにすることが大切だ。

仰向けになって両足をそろえて高く上げ、腹筋に力を込めながら右へ左へと倒していく――。体幹強化のためのトレーニングとして、レッグツイストを取り入れている人も多いだろう（両足をまっすぐ伸ばすバージョンの他に、ひざを直角に曲げるバージョンもある）。

レッグツイストでは足の重みを支えつつ、骨盤を大きく回転させて左右にひねっていくため、腹斜筋や骨盤周りの筋肉が総合的に鍛えられることになる。ただ、あるポイントに気をつけていないと、こうした筋トレ効果が半減してしまうのである。

そのポイントとは「左右の足のズレ」だ。みなさんはレッグツイストを行なう際、左右の足がズレるのをお構いなしに、床すれすれのところまで両足を傾けようとがんばってはいないだろうか。

じつは、その足のズレこそが効果を半減させてしまう原因なのだ。左右の足がズレていると骨盤が回転不足になってしまい、骨盤周囲の筋肉にあまり負荷がかからなくなってしまう。すると、使われるはずの筋肉が使われず、上げられるはずのトレーニング効果が上げられなくなってしまうのだ。

一方、左右の足をそろえた状態で傾けていけば、骨盤を大きく回転させることができ、そのぶん骨盤周囲の筋肉を広くカバーして鍛えることが可能となる。このため、レッグツイストでは、両足をぴったりそろえた状態をキープしたまま、床すれすれのところまで足を傾けられるのがいちばんの理想形となる。それを分かっている人の中には、足のズレを防ぐために左右の足でノートや手帳、スマホなどを挟んだ状態でトレーニングを行なっている人もいる。

おそらくみなさんの中には、「左右の足をそろえていると深く傾けることができない」という人も多いかもしれない。だが、そういう人は、足をそろえたまま、回転可能なギリギリの角度までがんばるようにすればいい。くれぐれも「深い角度までやりたいから、足をズラしちゃおう」と思ってはいけない。なぜなら、「角度は浅くても左右の足をそろえてやる」ほうが、「左右の足をズラして深い角度までやる」よりも、ずっと高い効果を上げられるからだ。

とにかく、レッグツイストで肝心なのは、「足をどれだけ深く傾けられるか」よりも「骨盤をどれだけ大きく回転させられるか」なのである。レッグツイストにおける「ざんねん筋トレ」と「ロジカル筋トレ」は、この点をちゃんと分かっているかどうかで差がつくと言っていいだろう。

〈デッドリフト〉
腰を反らせた状態で上げてはいけない

ざんねん筋トレ

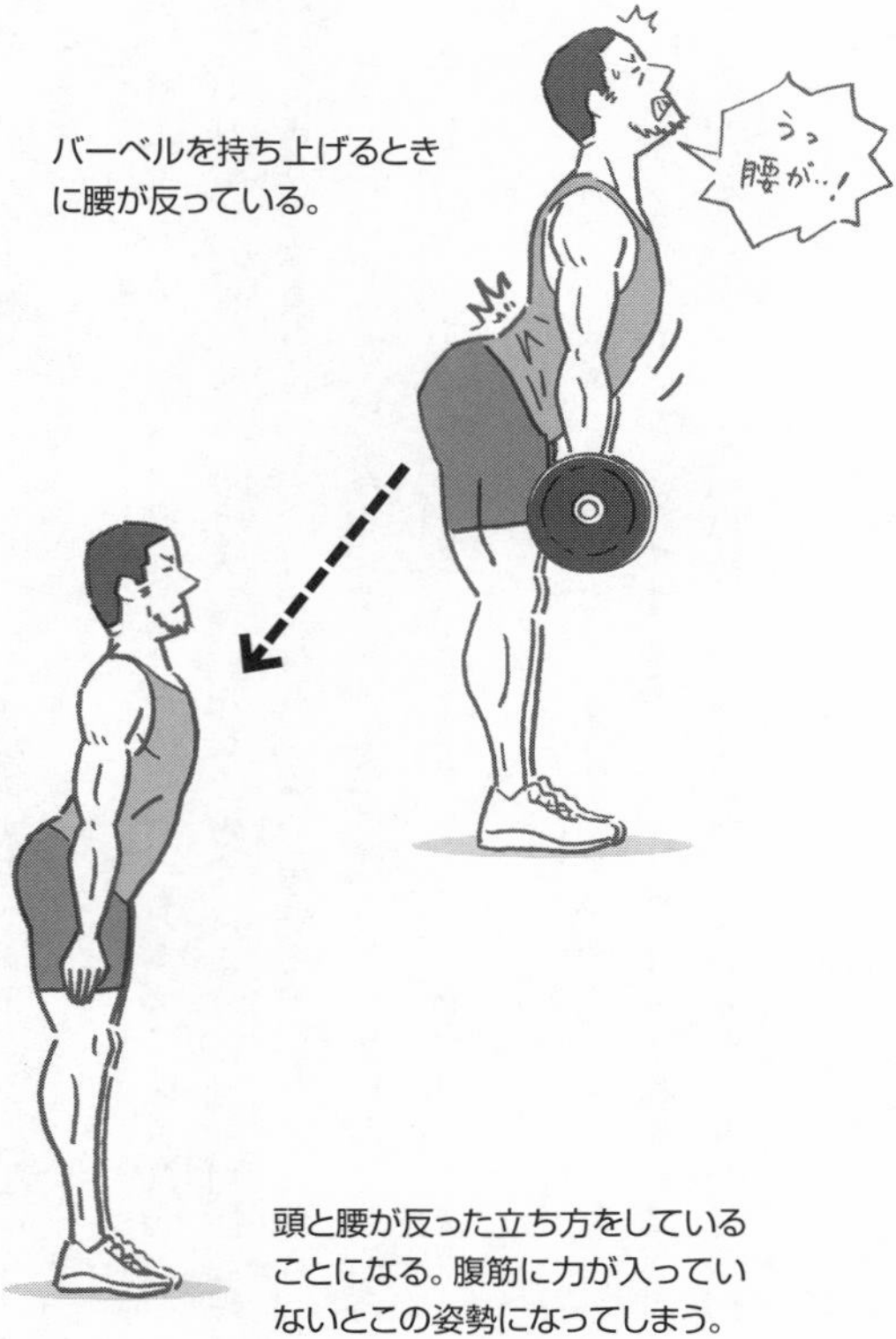

バーベルを持ち上げるとき
に腰が反っている。

頭と腰が反った立ち方をしている
ことになる。腹筋に力が入ってい
ないとこの姿勢になってしまう。

鍛えられる筋肉➡ 腰背部の筋肉・脊柱起立筋・大臀筋・
ハムストリングス・腹直筋など

ロジカル筋トレ

バーベルを持ち上げるときに腹筋に力が入っているので腰が反らない。

バーベルを持ち上げきったときに頭－背中－腰が一直線のラインになっている。

デッドリフトのやり方を解説した教科書を開くと、たいていは「腰を丸めて行なってはいけない」と書かれている。まあ、この注意事項は、筋トレ好きにとっては〝ほぼ常識のようなもの〟だろう。

しかし、じつはデッドリフトには、どの教科書にも書かれていないし、ほとんどのインストラクターも教えてくれない非常に重要なポイントがあるのだ。

それは「腰を反らさないほうがいい」ということ。すなわち、デッドリフトは「腰を丸めて行なってはいけない」のは絶対の約束事として、腰を反らせた状態で行なうのも避けなくてはならない。ところがたいへん残念なことに、デッドリフトのフィニッシュ姿勢で腰をグッと反らす人をたくさん見かける。よりロジカルにトレーニング効果を引き出していくには、丸めるのも反らせるのもダメで、頭―背中―腰のラインを一直線にして、腰をフラットな状態にして行なうべきなのである。

いったいどうして腰を反らせてはいけないのか。

その理由は、「腰を反らせると腹筋が使われなくなってしまうから」だ。どんなトレーニングでもそうだが、腰を反らせた状態では腹筋に力が入らない。腹筋は腰を丸めるための筋肉なので、腰が反っているということは、腹筋に力が入っていないということである。

腰を反らせてしまうと、そのとたん腹筋の力がふにゃっと抜けて、腹筋以外の他の筋肉に負担のしわ寄せが行ってしまうことになる。

デッドリフトは、腹筋を使ってバーベルを上げているか、腹筋を使わずに上げているかでかなり大きな差がつくトレーニングメニューなのである。それに腹筋は骨盤を立たせる筋肉でもある。デッドリフトで体が前傾しているときは骨盤も前傾しているわけだが、腹筋に力が入ると、この前傾している骨盤を立たせることができ、より効率よくバーベルを上げられるのだ。

しかも、腹筋に力が入っていると、腰背部、脊柱起立筋《せきちゅうきりつ》、大臀筋《だいでん》など、体の裏側の筋肉とうまく連係をとりながら、全身の多くの筋肉の力を使ってバーベルを上げることができる。そして、そうすることによって総合的に筋力を底上げしていくことが可能となる。

お分かりいただけただろうか。だから、「腹筋に力が入らないフォーム＝腰を反らせたフォーム」でデッドリフトを行なうのはやめるべきだ。デッドリフトを行なう際は、腰を反らせないように気をつけつつ、腰のラインをフラットにしたフォームをとり、しっかりと腹筋に力を込めて行なうようにすべきなのである。デッドリフトは筋肉を強化するトレーニングである以上に、全身の連動性を向上させるトレーニングなのである。

最近はフィットネスクラブやスポーツジムなどでデッドリフトに取り組む人もかなり増えてきた。だが、そういう人々を見ていると、腰を反らしたフォームで行なっている人が非常に多い。インストラクターが腰を反らせることに対して注意を喚起していないせいもあるのだろうが、おそらく8割方の人は、後ろにお尻を突き出し、腰を大きく反らせたフォームでバーベルを上げているのではないか。

なかには、デッドリフトを行なうたびに、腰をさすっているような人も少なくない。私は、いつもそういう人を見かけると、「ああ、せっかく筋トレをがんばっているのに、そのがんばりがマイナスの結果を招いてしまうなんてメチャクチャざんねんだなあ」と思ってしまう。デッドリフトで動かすのは「腰」ではなく「お尻=股関節」であると理解しているか否かが、ロジカルか否かである。

腰を反らせて行なうか、腰を反らせないように気をつけて行なうか——たったそれだけの違いなのだが、「ざんねん筋トレ」の道を進むか「ロジカル筋トレ」の道を進めるかが、これによって決定づけられてしまう。デッドリフトに限ったことではないが、「ざんねん」へ行くか「ロジカル」へ行けるかは、こういう〝ちょっとした違い〟で大きく明暗が分かれるものなのである。

第3章 上肢

——胸、背中、肩、腕の筋肉が「結果」をもたらす

男は「腕を太く」「胸を厚く」にハマりやすい

「腕を太くすること」と「胸を厚くすること」は、筋トレをする者にとって特別な意味を持つことなのだろう。

フィットネスクラブやスポーツジムを見ていても、（とくに男性の場合だが）腕や胸を鍛えるメニューを繰り返しやっている人が多い。なかには、まるで何かに取りつかれたかのように上半身の筋肉ばかり鍛えている人もいる。

太い腕や厚い胸は強さとたくましさの象徴だ。

ポパイ、ブルース・リー、キン肉マン、シュワルツェネッガー、北斗の拳のケンシロウ、ドラゴンボールの孫悟空……時代とともに映画や漫画で活躍してきたヒーローたちは、みんな筋肉モリモリの上半身をしている。多くの人がこぞって腕や胸などの上半身を鍛えたがるのには、ヒーローたちのような強くたくましいボディになりたいというあこがれもあるのかもしれない。

ただ私は、腕や胸のトレーニングにハマっていく人が多い理由は、それだけではないと思う。

腕、胸、肩などは、体の中でももっとも目につきやすい部位だ。自分はもちろん、他人にも「鍛えているんだ」ということが分かりやすい。それだけに、これらの筋肉をつけることが「自分という人間は、こういう人間なんだ」ということを自分で確認したり他人にアピールしたりするための手段となりやすいのだ。

たぶん、筋トレ好きにとって、上肢の筋肉は「自分が自分であること」を確認する身分証明書のようなものなのかもしれない。

筋肉は日々トレーニングをがんばればがんばるほど太くなっていく。腕、胸、肩などの筋肉がついていてくれれば、たいていはその筋肉の盛り上がり具合を一日一日鏡や自分の目で確認してチェックするようになる。すると、自分の体をグレードアップできたことが自信になり、その自信がアイデンティティーをくすぐって、「これこそが自分だ」という思いへとつながっていく。そしていつしか、自分が身にまとった筋肉が、自分であることの証しのような存在になっていくのである。

それに、この〝身分証明書〟は、自分の存在や価値を他人に認めてもらうための都合のいいアイテムにもなる。腕、胸、肩などの筋肉の盛り上がりは、他人の目にもつきやすい。Tシャツからニュッと突き出た太い腕、スーツがはちきれそうなくらい分厚い胸板、後ろ姿を見ただけで分かる肩のラインの盛り上がり……。それらを目にした人は、たいていの場合〝すごい、この人はかなり体を鍛えてるんだな〟と、尊敬と称賛のまなざしを送ってくれることになる。

周囲からこういう目で見られれば、誰だって悪い気はしない。自分の筋肉が認められるのは自分が認められるのと同じだ。そうすると自尊心がくすぐられ、自分の価値を高めてくれる〝筋肉という身分証明書〟への信頼度がいっそう高まっていく。そして当然、その人は自分の〝身分証明書〟のステータスをもっと高めようと、腕や胸、肩など上半身のトレーニングにより励むようになっていくのである。

だから、筋トレをする人は上半身を鍛えることにハマりやすいのだ。きっとみなさんの中にも腕を太くしたり胸を厚くしたりすることに、ほとんど〝病みつき状態〟で夢中になっている人がいるのではないだろうか。

ただ、このようにトレーニングに熱くなりやすい部分だけに、上肢を鍛える際には十分な注意が必要だ。なぜ鍛えるのかの目的をはき違えたままやみくもにトレーニングをしていると、ざんねんな結果を招くケースも少なくない。すなわち、上肢のトレーニングはハマりやすいからこそ、自分の目的をしっかり捉えて行なうことが大切なのである。

この第3章では、こうした注意点も織り込みつつ、胸、背中、肩、腕など、上肢の筋肉をロジカルに鍛えていくにはどうすればいいかを見ていくことにしよう。

なぜ腕の太いピッチャーは少ないのか

野球選手はたいてい体をこれでもかというくらいに鍛えている。もちろん筋トレに励んでいる選手も多い。だが、みなさんは「腕の太いピッチャーはほとんどいない」ということをご存じだろうか。

腕の太いピッチャーが少ない理由。それは、腕の筋肉を太くすると投げるのに不利になってしまうからだ。

野球をあまりご存じない人は「腕を太くしたほうがたくさん力が入って剛速球が投げられるんじゃないの?」と思うかもしれない。

でも、違うのだ。

筋肉はけっこう重い組織なので、腕の筋肉を太くすると「重いものを振り回す」というかたちになってしまう。投げるたびに重い腕を振るのはかなりのエネルギーロスになるし、肩やひじにかかる負担も大きくなるため故障もしやすくなる。

私はトレーナーとしてプロ野球選手を指導することが多いが、これまでピッチャーに対してはは腕を鍛えるトレーニングはまったく行なったことがない。アームカールやプレスダウンなどもゼロ。もちろん菊池雄星投手に対しても、腕のトレーニングは1秒も行なわなかった。

では、腕を鍛えずにどこを鍛えるのか。それは、肩周りや背中の筋肉、肩甲骨周り、体幹、それと、尻や足などの下半身だ。

そもそも、ピッチャーは「ムチ」のようなものだ。ムチはグリップのほうが太く、先端に行くにしたがって細くなっている。太い根元で生み出した力をピュッとしならせて、細くて軽い先端へとスピーディーに伝えているからこそ、ムチ先に力を結集させて「パチン！」と打つことができるわけだ。

つまり、ピッチャーの腕や手はムチ先であり、この部分は軽くて細いほうがいい。根元で生み出した爆発的な力を伝えられるだけの強度があれば十分で、このためたいていの投手は腕を鍛える必要はないのである。

これに対し、力を生み出す根元のほうは、しっかりと筋肉を鍛えなくてはならない。爆発的な力を生み出すためにピッチャーがいちばんに鍛えなくてはならないのは、足や尻な

図6 腕の太いピッチャーと腕の細いピッチャー

重い腕を振るのは金棒を振り回すようなもの。エネルギーロスが大きく、肩やひじにかかる負担も大きい。

軽くて細い「ムチ先」のような腕であれば、下半身で生み出した力を効率よく伝えることができ、投げるのに有利になる。

どの下半身だ。私はいつもピッチャーに対しては「足の力を上手に使って投げろ」と言っている。すなわち、足腰の筋力をつけ、その足の力で強く地面を踏み込み、踏み込むことによって得られた反作用エネルギーを上半身へ伝えていくことによって、全身をムチのようにしならせて投げるのである。

また、足や尻で生み出した爆発的な力をスムーズに連動させていくには、ブリッジ役となる体幹の筋肉も鍛える必要があるし、「ムチ（腕）を振るグリップ部分」に相当する胸や肩、背中の筋肉も太く鍛えていく必要がある。これらの筋肉を鍛え上げて力をしっかり連動させて体をしならせることができれば、細いムチ先からうなるような剛速球を繰り出せるということになるわけだ。

「見た目」か「機能」、鍛える目的はどちらなのか

野球と同じように、腕の筋肉を鍛えるよりも下半身の筋肉を鍛えるほうがパフォーマンス向上につながるスポーツ種目はたくさんある。テニス、卓球、ホッケー、ゴルフだってそうだ。

そこで考えてみてほしい。腕をあまり鍛えるべきではないこういったアスリートが、上

肢をトレーニングするおもしろさにハマり、上腕二頭筋や上腕三頭筋をものすごく太くしてしまったとしたらどうなるだろうか。当然、その選手は下半身を使わずに腕の力だけに頼って競技をするようになっていき、自分本来のパフォーマンスを発揮できなくなってしまう可能性が高まるだろう。

もちろん、腕の筋肉を太く鍛えたほうがいいスポーツもたくさんある。相撲、格闘技、ラグビー、アームレスリングなど「かいな力」が必要な競技は、腕はもちろん、上半身も下半身もしっかり鍛えていく必要がある。

だが、スポーツの種目やその人の目的によっては、腕を太くたくましくしたいからといってやみくもにトレーニングをしていると、結果的に自分の競技パフォーマンスを下げるハメになりかねないのである。胸、背、肩を鍛えた結果の副産物として腕が鍛えられることは問題ない。腕だけをわざわざ鍛える必要はないということだ。

とりわけ、運動部に所属して筋トレを行なっている学生などは、ひたすら腕や胸を鍛えてしまう傾向があるので十分に気をつけてほしい。たとえば、野球部のピッチャーの場合、「女の子にモテたくて腕を太くしたけれど、その結果投球フォームが〝手投げ〟になり、打ち込まれることが多くなってレギュラーから降格されてしまった」なんていう話もよく耳にする。

そんなざんねんな結果を招かないためにも、上肢を鍛える際は、自分の目的をしっかり捉えたうえでトレーニングをしなくてはならないのである。

先にも述べたように、ボディメークの人が「見た目向上」のために筋肉を鍛えるのと、アスリートが「身体機能向上」のために筋肉を鍛えるのとでは、「鍛えるべき筋肉」も「とるべきトレーニング方法」もまったく違ってくる。同じ大胸筋を鍛えるにしても、ボディメークであれば大胸筋を厚く大きくするトレーニングを積むことがむしろ重要だし、アスリートであれば大胸筋だけでなく背中や体幹の筋肉も一緒に鍛えて連動性を高めていかなくてはならないことになる。

だから、両方とも手に入れようと欲張らずに、自分の目的をはっきりさせて「見た目」か「機能」かのどちらかに絞っていく姿勢が大事なのである。

かつてプロ野球のある有名打者が、「肉体改造」と称して筋トレで上半身をガチガチに鍛え上げた。ただ、そうやってつけた筋肉はバッティングに必要なものではなかった。単に筋肉が太くなっただけで、全身の連動性を高めるための筋肉ではなかったために、重さを増した上体を扱いきれず、しょっちゅう肉離れなどの故障を起こすようになってしまった。これなどは「見た目」と「機能」の両方とも追い求めてしまったことが裏目に出て、結果的に選手寿命まで縮めてしまったケースと言えるのではないだろうか。

こうしたアスリートはいまの時代でもわりといる。私はこれまで多くのアスリートを見てきているが、自分の身体機能向上を追求してストイックにトレーニングしてきたような人でも、やはり「見た目」も気になってしまうのか、ついつい〝不必要な見せ筋〟まで鍛えてしまっている場合が少なくない。思い当たるアスリートのみなさんは、自分が上半身の筋肉を鍛えている目的をいま一度振り返り、くれぐれもあまりデコレーションしすぎないよう注意していくべきだろう。

上半身の筋肉を動かすカギは僧帽筋と肩甲骨

ここで、肩、背中、肩甲骨の話をしておくことにしよう。

みなさんは大相撲の力士に「首から肩のラインの筋肉」がグッと盛り上がっている人が多いのをご存じだろうか。きっと、大相撲中継を注意して見ていれば、〝ああ、あの盛り上がりか〟とすぐに分かるはずだ。そして、番付の高い力士や好調な力士ほどこの部分の筋肉が大きく盛り上がっていることにも気づくだろう。

この筋肉はよく「肩の筋肉の盛り上がり」と称されている。

だが正確に言うと、これは「肩の筋肉」ではない。

この盛り上がりの正体は「僧帽筋《そうぼう》」と呼ばれる「背中の筋肉」だ。背中上部の僧帽筋が日々鍛えられて分厚くなってくると、この首から肩にかけてのラインがだんだん山のように盛り上がってくるのである。

山のように盛り上がった僧帽筋は、鍛えに鍛えられたトップアスリートにしか得られない勲章のようなものと言っていいだろう。

大相撲の力士だけではない。たとえば、背中の筋肉をよく使う水泳界のアスリートにも、トップクラスの選手には僧帽筋がぽっこりと盛り上がっている人が少なくない。それに、短距離走、やり投げ、ハンマー投げなどの陸上選手のトップクラスにも僧帽筋が見事なほどに盛り上がっている人が多い。

では、この僧帽筋、いったいどこを動かしている筋肉なのか。

その答えは「肩甲骨」である。つまり、普段から肩甲骨をさかんに動かしていると、さかんに僧帽筋が使われて筋肉が盛り上がってくることになる。

そして、上半身をよく使うスポーツにおいては、じつはこの肩甲骨の動きがたいへん重要なカギを握っているのだ。

肩甲骨が大きく動けば「ため」がつくれる

肩甲骨こそは上半身の筋肉を動かす要だと言っていいだろう。肩甲骨の可動域が大きいと、そのアスリートは肩や腕をそれだけ広範囲に動かせるということになる。例を挙げれば、水泳選手は大きく腕を伸ばして水をかけることになるし、野球のピッチャーは大きく腕をしならせてボールを投げられることになる。

たとえば、西武ライオンズの平良《たいら》海馬《かいま》投手は、プロ野球ピッチャーでは類を見ないほど胸周り、背中周りの筋肉が発達しているが、他の誰よりも肩甲骨を大きく動かすだけの柔軟性も持っている。それくらい肩甲骨が動くと、ピッチングで「ため」をつくることができる。また、大リーグのミネソタ・ツインズの前田健太投手が投球前のルーティンとして行なっているいわゆる「マエケン体操」も、肩甲骨を動かして可動域を拡げるための体操だ。

先にも述べたように、力強いボールを投げるには、足で地面を踏み込んだ力を上体へと連動させて伝えていくことが大事なのだが、肩甲骨が広範囲に動くと、その連動の過程で「力をためる」ことができるのである。これができると、上体と腕をムチのように後ろへ反らしたあと腕が出てくるタイミングが遅くなる。相手バッターからすれば、いつまで経ってもなかなか腕が出てこない。ギリギリまで力をためられて、腕が振られたと思ったら剛球がドーンと来ていつの間にかミットに収まっている——そんな感覚になる。

このように、肩甲骨を大きく動かして「ため」をつくれることは、アスリートにとって非常に有利に働くのである。言うなれば、弓矢をグーッといっぱいに引けるようなものだ。大きく引いて力をためるほど強い矢を放てるのと同じように、「ため」をつくれるテニスプレーヤーは強いサーブが打てるし、「ため」をつくれるバレーボール選手は強いアタックを打てる。ゴルフプレーヤーも、「ため」をつくれればより力強いショットを打てるようになるだろう。

とにかく、アスリートの場合、肩甲骨をいかに有効に動かしているかでパフォーマンスのグレードが決まってくると言ってもいい。だからこそパフォーマンス向上を目指すアスリートは、普段から肩甲骨をしっかり動かすトレーニングを積んで、その動きに耐えられるだけの僧帽筋を鍛えていかなくてはならないのである。

みなさんの中にも自身のパフォーマンスを向上させるために日々筋トレに精を出している人が少なくないだろう。しかし、僧帽筋を鍛えたり、肩甲骨の可動域を拡げたりすることの重要性をご存じだっただろうか。

体の表側の腕や胸と違い、体の裏側にあって自分の目で見えない背中の筋肉は、トレーニングで鍛えるのを後回しにされてしまいがちだ。非常にもったいないことだと思うが、プロのアスリートでも背中を鍛えることを軽視している人や、僧帽筋や肩甲骨を鍛える大切さが分かっていない人が少なくない。

ぜひアスリートのみなさんは、背中をトレーニングすることの重要性を心にしっかりと刻んでおくといいだろう。

上肢は力をアウトプットして「結果」を出すところ

私は、力を生む起点となるのは「下肢」だと考えている。そして、下肢で生み出された力の橋渡し役となるのが「体幹」。では、この流れの中で「上肢」はどういう役割を担っているのか。

図7　上肢・体幹・下肢の関係

下肢でグッと踏み込むことで生み出された力が、
体幹によって上肢に伝えられ、上肢が結果を出す。

上肢が受け持っているのは、「結果を出すこと」なのではないだろうか。

すなわち、何らかのミッションに挑もうというときに、力を生み出しているのが下肢であって、足腰からインプットされた力を中継しているのが腹筋などの体幹。腕や手などの上肢は、「下肢↓体幹↓上肢」と伝わってきたパワーをアウトプットして、具体的な結果を出す役割を担っているというわけである。

ボールを投げるにしても、ラケットを振ったり竹刀《しない》を振ったりするにしても、下から伝わってきた力をいかに受け止めるか、受け止めた力をいかに出力エネルギーに変換できるかでどういう結果が出るかが決まってくる。

そういう点で見ると、上肢は言わばミッションの最終段階でよりよい結果を生み出すための〝仕上げ〟を任されているわけだ。

なお、下半身からもらったエネルギーをきちんと結果につなげていくには、上肢にも下肢に見合うだけのキャパシティーが必要になってくる。

たとえば、サッカー選手が右足でボールを前へ強くキックするときを例に考えてみよう。蹴る動作をすると右足は骨盤ごと前に振り出されていくが、このとき骨盤の右側を後ろに強く引くと骨盤が前に出る力が止まり、右足だけが速度を増すので、シャープに振り出すことができる。

骨盤を強く引くには上半身を右にひねる動きが必要で、それには右の肩甲骨を強く後ろに引き寄せる力が必要だ。

下半身から上がってきた力に対し、上半身を後ろへ引いて打ち消す力を加えて体がブレないようにすることが、「強いボールを蹴る力」をもたらすことにつながるのである。このように、上半身は、下半身から上がってきた力を相殺して打ち消し合うという役割も果たしているわけだ。

ただ、このようなとき、上半身のキャパシティーが弱いと、下半身から上がってきた力を受け止めきれず、体が大きくブレてしまうことになる。だからサッカー選手が「ブレない体」をつくっていくには、下半身だけでなく上半身もしっかりとトレーニングして鍛錬を積んでいかなくてはならないのである。

それに、上半身のキャパが弱いと、下半身の力もそれに合わせてこぢんまりとしてしまうことが多い。

つまり、合理的に力を発揮していくには、下半身の力にうまく釣り合うようなかたちで上半身を鍛えていくべきなのだ。

あくまで力を生み出しているのは下半身の筋肉というエンジンだ。だが、エンジンを大きくしたなら、エンジンのパワーに釣り合うように車体を頑丈にしたりタイヤも大きくしたりしていかなくてはならない。すなわちエンジンのパワーに合わせて上半身も鍛えていかなくてはならないわけだ。

腕は英語でアームだが、英語では武器のこともアームと呼ぶ。狩猟時代、わたしたちの祖先は、槍や弓、斧などの武器（アーム）を用い、さかんに腕（アーム）を振って狩猟をしていた。言わば、下肢のパワーを生かし、上肢の筋肉というアームをうまく使うことによって「獲物を射止める」という結果を出していたわけである。

私は、人間が「よりよい結果を生み出す」ための体の使い方は、現代においても狩猟時代と何ら変わっていないと思っている。スポーツで結果を出すにしても、狩猟時代の槍や弓がボールやバット、ラケットに変わったにすぎない。

日本には昔から「腕を磨く」「腕が立つ」「すご腕」といった言葉がある。「腕」はいい結果を生むための上肢の象徴なのだ。だからみなさんも日々のトレーニングでいい結果を生み出すための腕を磨いていこう。上肢の筋肉をうまく使い、体にためた力をうまくアウトプットして、合理的・効率的に結果を出せるようにしていこう。

*

では、よりよい結果を出せるようにするには、具体的にどのように上肢を鍛えていけばいいのか。

ここからは前章と同じように、「ざんねん筋トレ」と「ロジカル筋トレ」を対比させながら、上肢の筋肉を効率よく合理的に鍛えていくためのコツを述べていくことにしよう。

〈プッシュアップ〉
体の上げ下げではなく「地面を強く押し込む」のがコツ

ざんねん筋トレ

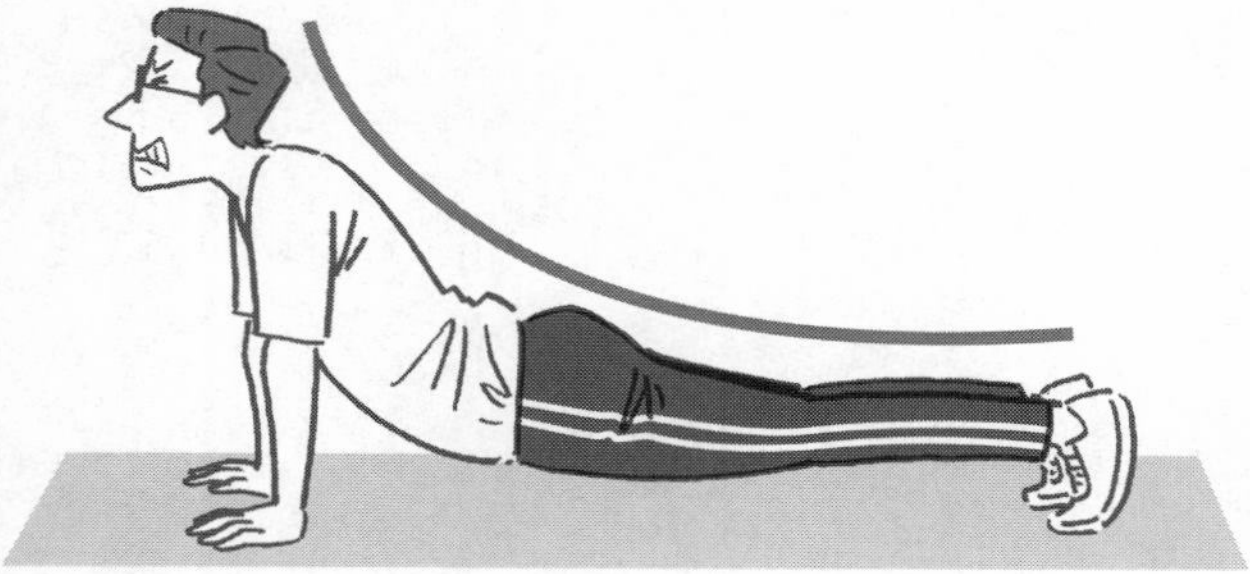

腰が反り、おなかが落ちている。腹筋に力が入っていないので、単なる「ひじの曲げ伸ばし運動」になってしまう。

鍛えられる筋肉➡ 大胸筋・前腕三頭筋・前鋸筋・腹直筋・腸腰筋・大腿四頭筋

ロジカル筋トレ

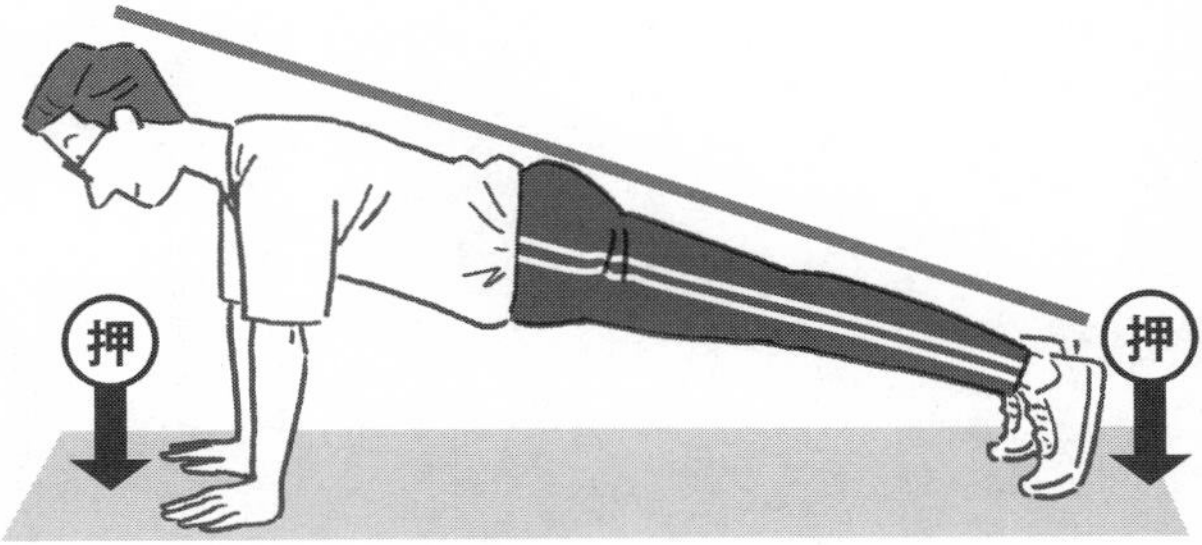

腹筋に力が入っているので、頭から尻までが一直線になっている。

腕立て伏せ（プッシュアップ）は「腕で体を上げ下げする運動」ではない——私はそう考えている。

では、どんな運動なのか。正解は「両手と両つま先で地面を強く押し込む運動」なのである。「地面を押し込む意識」があると、体幹の腹筋にしっかり力が入る。この「腹筋に力を入れられているかどうか」が「ざんねん筋トレ」と「ロジカル筋トレ」を分ける最大のポイントになるのだ。

では、「ざんねん筋トレ」のほうから説明しよう。

ざんねんなパターンの腕立て伏せをしている人は、十中八九、腰を反らせている。なかには腰を大きく反らし、体を「逆への字」にしたようにおなかをだらんと落としたスタイルで行なっている人も多い。

だが、このように腰を反らしていては、絶対に腹筋に力が入らない。前の章でも述べた通り、反り腰状態で腹筋に力を入れるのは不可能なのである。そして、腰を反らせたかたちで腕立て伏せを行なうと、腹筋がまったく機能せず、自然に腕の力だけで体を上げ下げしているような格好になってしまう。これでは、単なる「ひじの曲げ伸ばし運動」のようなもの。どんなにたくさん回数をやっても、上腕三頭筋が疲弊するだけであり、非常に偏《かたよ》ったトレーニング効果しか得られないことになってしまう。

一方、ロジカルな腕立て伏せのほうは、腰を反らせることなく、少し背中が丸まっているかフラットになっているかというくらいの姿勢で体を上げ下げする。この場合、横から見ると、頭から尻までのラインが一直線になるはずだ。

このスタイルであれば、体幹の腹直筋にしっかり力が入る。それに腹筋だけではない。大胸筋、前腕三頭筋、前鋸《ぜんきょ》筋、腸腰筋、大腿四頭筋《だいたいしとう》にも力が入るようになり、それによって両腕と両つま先で力強く地面を押し込めるようになる。つまり、腕、上肢、体幹、下肢と、ほぼ全身の筋肉を使って「体重をかけて地面を強く押す↓押し戻される↓また地面を強く押し返す」というトレーニングを繰り返すことになるわけだ。

このように、ロジカルなフォームでちゃんと行なえば、腕立て伏せは全身の筋肉を効率よく鍛えることが可能なトレーニングとなるのである。日々しっかり行なえば、上肢と下肢の筋肉の連動性が高まって、筋肉の総合力を大きく高めることができるだろう。腕立て伏せは、連動的な動作で合理的に力を発揮できるようになるためのトレーニングなのである。「ざんねん筋トレ」に甘んじているみなさんは、ぜひロジカルなフォームを身につけて、こうした総合的筋トレ効果を引き出していってほしい。

〈チェストプレス〉
肩を浮かせると大胸筋を鍛える効果が半減してしまう

ざんねん筋トレ

ハンドルを遠ざけようと意識するあまり、
背もたれから肩がどんどん離れてゆく。

鍛えられる筋肉➡ 大胸筋・上腕三頭筋・三角筋前部

ロジカル筋トレ

背もたれから肩が離れない。ハンドルの位置は「ざんねん」のフォームより手前までしかいかないが、こちらのほうが大胸筋がよく使われる。

チェストプレスは、大胸筋を鍛えるためのマシントレーニングである。胸板を厚くしたいボディメーク系の人に人気のメニューだ。

ただ、このチェストプレス、ちょっとしたやり方で大胸筋を鍛える効果に大きく差がついてしまうことをご存じだろうか。

ここでポイントになるのは「肩」だ。チェストプレスでは背中と肩を背もたれのシートにつけて、大胸筋に力を入れながら両腕を伸ばしつつ、両手のハンドルを前へ押し出していく。このハンドルをグッと前へ押し出した際、「ざんねん筋トレ」の人はシートから肩を浮かせてしまうことが多いのだ。

このように肩や背中をシートから離して前方向へシフトしてしまうと、肩甲骨が開いて大胸筋に力が入らなくなってしまう。なぜなら肩甲骨を開かせるのは前鋸筋であり、大胸筋ではないからだ。

これは「大胸筋を鍛えるのが目的のトレーニング」としてはけっこう大きなロスだ。もしこのフォームをずっと習慣にしていたら、大胸筋へのトレーニング効果は半減してしまうかもしれない。当然、ボディメークで早く胸を厚くしたい人などはものすごく遠回りをするハメになるだろう。

肩や背中を浮かせてしまうのは、両腕を最後にグッと前へ押し出す際に「ハンドル」にフォーカスを当ててしまっているせいだ。すなわち、両手のハンドルを目で捉えながら〝ハンドルをより遠くまで押し出そう〟と思っているから、肩がシートから離れてしまうことになるのだ。

大切なのはハンドルを遠くへ押し出すことではなく、むしろ、「肩や背中をシートから離さない」という点だ。そうすれば、腕を伸ばしたときも曲げたときも大胸筋に始終力が入り続けることになり、無駄なくトレーニング効果を上げていくことができる。

フィットネスクラブやスポーツジムなどで見ていると、「ざんねん筋トレ」でチェストプレスをやっている人が非常に多い。心当たりのあるみなさんは、無駄な遠回りを避けるためにも、「肩と背中をしっかりシートにつけたロジカルなやり方」を習慣づけるようにしてほしい。

〈ベンチプレス〉
「自分の目的に合ったやり方」でバーベルを上げる

もっと重量を上げたい人のロジカル筋トレ

手の幅は目一杯広げる。両足を思いきり踏ん張り、腰を大きく反らしてバーベルを上げる。バーベルの移動距離が短くてすむ。

ボディメークをしたい人のロジカル筋トレ

上腕が床と水平になったときにひじが90度になる位置を握る。肩甲骨を動かさず、肩だけを動かしてバーベルを上げる。腰は絶対反らさず、軽く腰がシートから浮く程度までにする。

鍛えられる筋肉➡ 大胸筋・上腕三頭筋・三角筋前部

スポーツパフォーマンスを上げたい人のロジカル筋トレ

左右の肩甲骨をできるだけ寄せ、ひじを伸ばしてバーベルを持つ。胸を張っているので胸部分が盛り上がり、その結果、腰とシートの間には少しだけすき間ができる。

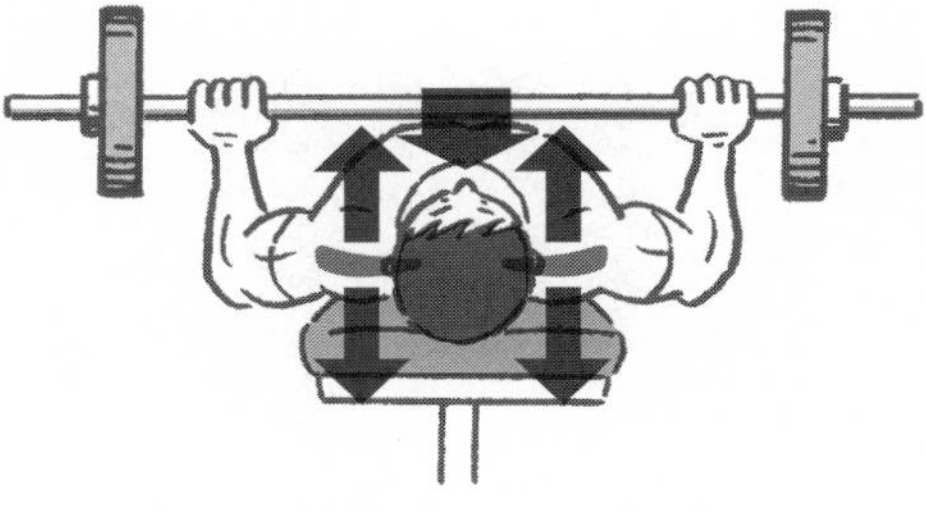

バーベルを胸に近づけたところ。バーベルの力で肩甲骨がシートに押しつけられ、その反作用の力でバーベルを上げていく。

アスリートにもボディビルダーにも、ベンチプレスにこだわってトレーニングをしている人は少なくない。ただ、「ベンチプレスは目的によってやり方が違う」ということをちゃんと分かったうえでやっている人がどれだけいるだろうか。

じつは、ベンチプレスは「もっと重量を上げたい人」「ボディメークをしたい人」「スポーツパフォーマンスを上げたい人」でそれぞれ上げ方が変わってくる。そして、自分の目的に合わない上げ方をしていると、がんばっていても小さな効果しか上げられず、非効率でざんねんなトレーニングになってしまうことが多いのだ。

目的ごとの上げ方の違いを簡単に説明しよう。

まず「もっと重量を上げたい人」は、「いちばんラクに上げられるフォーム」で行なうことになる。具体的には、両足を思い切り踏ん張り、腰を大きく反らしてバーベルを上げていくというやり方だ。このフォームで行なうと腰を反らせた分だけ「上げる際のストローク幅」が狭くなる。つまり、バーベルの上下の移動距離が短くなるため、重量クラスのバーベルでもわりとラクに上げることができるのである。

また、バーベルを持つ手幅を目一杯広くすることも、上下のストローク幅を小さくし、高重量を上げる負担を減らすことにつながる。このように、より重いバーベルを上げるには、それ用のテクニックがあり、「もっと重量を上げること」が目的の人にとっては、それが正しいフォームということになるのだ。

しかし、ボディメークが目的で「もっと大胸筋を厚く大きくしたい」という場合は話が違ってくる。大胸筋を鍛えるには、「大胸筋に負担をかけるフォーム」で行なわなくてはならない。「もっと重量を上げたい人」のようにストローク幅を狭くしてラクにバーベルを上げていたりしたら、大胸筋にあまり力がかからず、いつまで経ってもなかなか大胸筋が大きくならないという事態になってしまう。

だから、大胸筋を大きくするのが目的の場合は、ストローク幅を大きくし、前鋸筋などの他の筋肉の助けを借りず、大胸筋だけの力を使ったフォームでバーベルを上げていくことになる。これは「いちばん苦しいフォーム」だが、これを正しいフォームとして行なっていくのが、大胸筋を大きくするいちばんの近道なのである。

バーベルは、上腕が床と水平になったときにひじが90度になる位置を握る。バーベルを胸に触れるギリギリまで下げ、そこから肩甲骨は動かさずに肩だけを動かしてバーベルを上げるようにする。腰は絶対に反らさず、軽く腰がシートから浮く程度までにする。こうすると大胸筋のみが強く使われて、大きくなるのだ。

では、「スポーツパフォーマンスを上げたい」という目的を持っている人は、どのようなベンチプレスをすればいいのか。これがいちばんむずかしいのだが、パフォーマンスを向上させる場合は「筋肉の連動性や力の伝達性を高めること」が求められる。すなわち、ベンチプレスを通して、複数の筋肉を共同作業させ、筋肉から筋肉へと力をスムーズに伝達できるように仕向けていくことが重要になってくるのだ。

これを実現するには、「肩甲骨を使って上げ下げするフォーム」をマスターしてしまうのがおすすめだ。〝肩甲骨を使う〟と言ってもピンと来ない人が多いと思うので、ここはやり方を少し詳しく説明しよう。

まず、ベンチに寝て左右の肩甲骨をできるだけ寄せ、ひじを伸ばしてバーベルを持つ。この際、バーベルの重みで押し潰されそうになるのを肩甲骨で受け止めるような意識を持つといい。

すると、バーベルを下げる際、肩甲骨がベンチにグッと押しつけられ、まるで「ベンチの下の地面」にまで押し込まれるような感覚が得られるはずだ。そうしたら今度は、肩甲骨が下へ押し込まれた〝反作用の力〟を利用し、押し返していくようなつもりでバーベルを上げていくのである。

最大のポイントは、この〝反作用の力で押し返す〟という点だ。私がアスリートを指導するときには、よく「ベンチプレスは肩甲骨の『地面反力』を使え」という言い方をしている。「肩甲骨の地面反力」を使ってベンチプレスを行なうと、大胸筋だけでなく上腕三頭筋・三角筋前部など複数の筋肉が最適なタイミングで使われ、それらの筋肉の連動性や力の伝達性を合理的に高めていくことができるのだ。このやり方を意識して行なって習得していけば、上体の筋力アップとともに上体の筋肉の連係力を総合的に高めることができ、スポーツパフォーマンスの向上に大いに役立てていくことができるだろう。

このように、ベンチプレスは目的ごとにやり方やフォームが変わってくる。だから、ロジカルに成果を上げていくには、「何のために行なうのか」の理由をはっきりさせたうえで、それに合ったやり方をしなくてはならない。ところが、スポーツジムなどで見ていると、「自分の目的に合わないやり方」でひたすらバーベルを上げ下げしているような人々がたいへん目立つ。心当たりのあるみなさんは、ぜひ自分の目的や理由を考えてトレーニングを行ない、「ざんねん筋トレ」から抜け出すようにしてほしい。

〈ラットプルダウン〉
「首を長くした状態」をキープすべし

ざんねん筋トレ

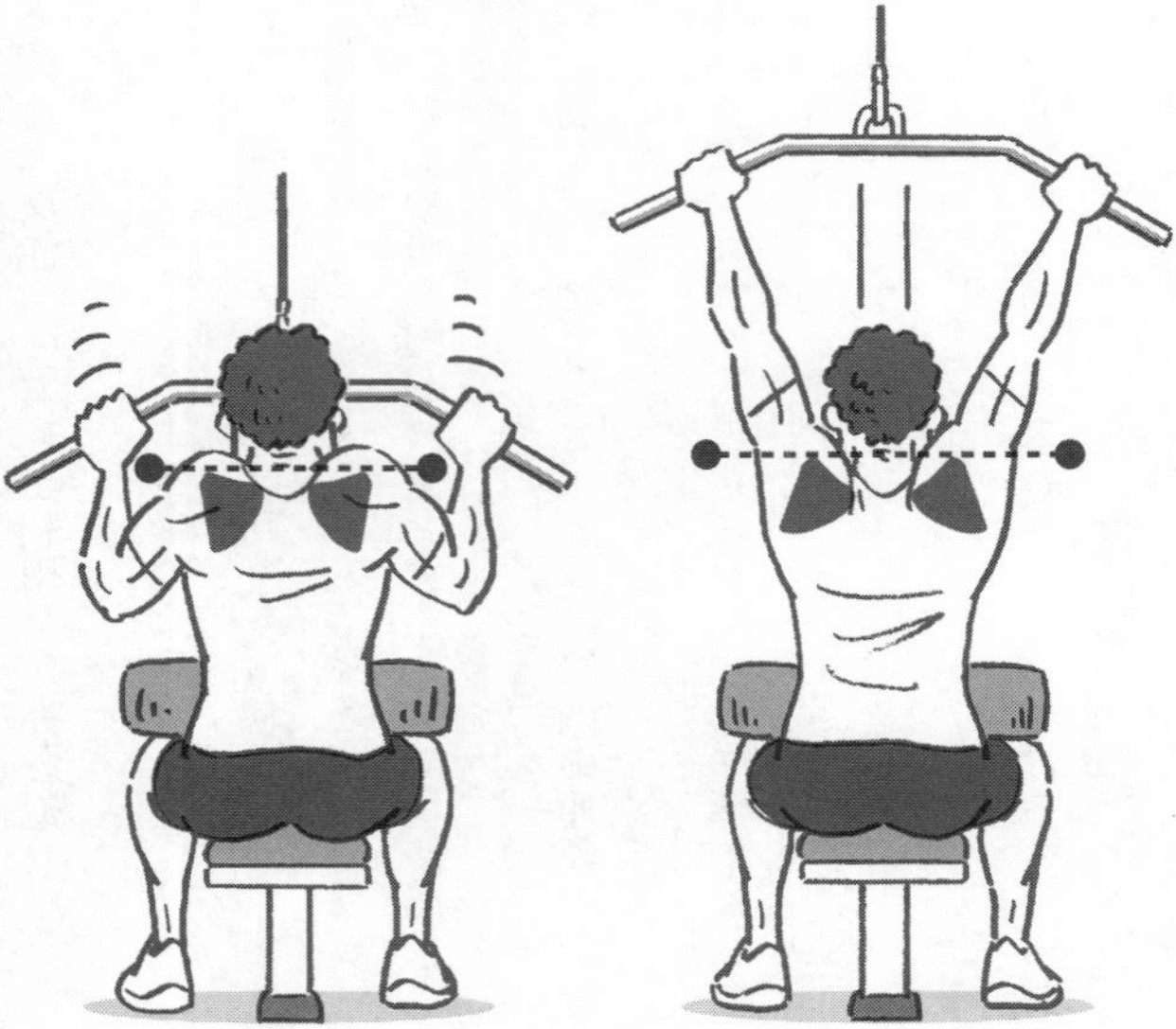

肩が上がり、首が縮まった状態で、両ひじを真下に向かって引いている。

鍛えられる筋肉➡ 広背筋・僧帽筋など背中の筋肉

ロジカル筋トレ

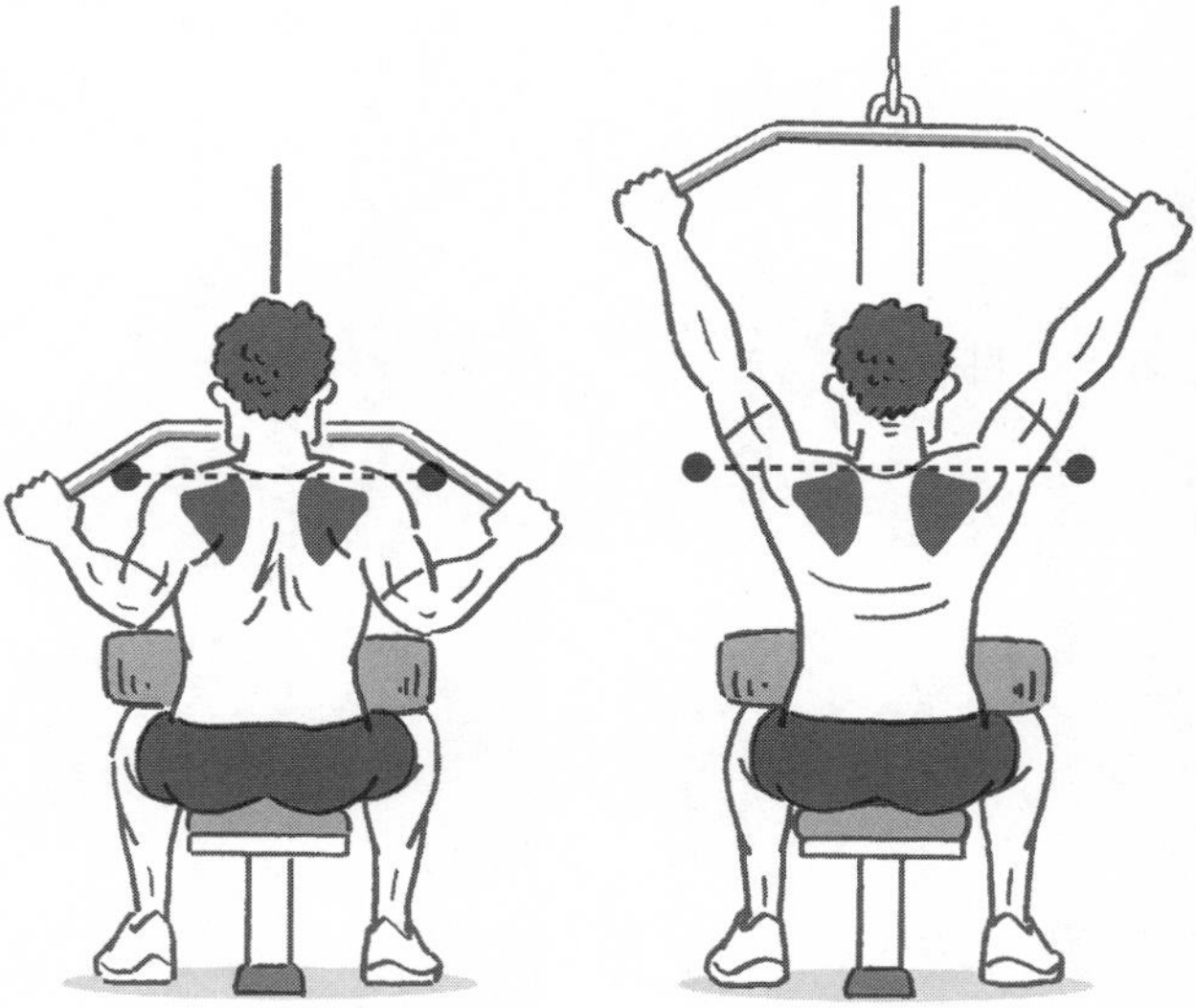

首が長い状態を保ったまま、肩甲骨を下げ、両ひじを後方に引いている。握る場所はバーのいちばん外側。

ラットプルダウンは背中を鍛えるためのマシントレーニングだ。とくに広背筋《こうはい》と僧帽筋を強化することができる。

ただ、私はトレーニング指導を行なう際に、ラットプルダウンは「両手でバーを強く自分に引きつける動作」を強化するトレーニングだと言っている。より強く自分に引きつけると、それだけ多くの筋肉が使われて、背中の筋肉の、力の伝達能力を向上させていくことができるのである。

そして、ロジカルにこうした成果を上げていくには、肩の位置を下げ、肩甲骨をできるだけ下方にシフトした状態でバーを引き下げていくといい。肩甲骨が下がっていると、それだけバーのストローク幅が大きくなる。すると、広背筋や僧帽筋がしっかり使われて、効率よく強化をしていくことができるのだ。

ところが、スポーツジムやフィットネスクラブで見ていると、肩甲骨が上がった状態のままでバーを上げ下げしている人が非常に多い。たしかにバーを引き下げてはいるのだが、肩甲骨が上がったままだと、強く自分に引きつけて下げることができない。すなわち、背中の筋肉に対して十分なトレーニング効果を上げられず、これがラットプルダウンの「ざんねん筋トレ」だということになる。

では、いったいどうすれば、肩甲骨を下げた状態でラットプルダウンを行なうことができるのか。

じつはこれには簡単な方法がある。それは「首を長くした状態」をキープしながらバーを上げ下げすることだ。後ろから見たときに「首全体が見えているくらいの状態」は、肩甲骨をしっかり下げていないと維持できない。だから、意識して「首を長くした状態」をキープしようとしていれば、おのずと肩甲骨が上がるのを防ぐことができるのだ。コツさえつかめば簡単なので、ぜひみなさんも試してみるといいだろう。

それと、「両ひじを下方向ではなく後方へ引く」という点も重要だ。ひじをやや後方へ引いて行なうと、「マシンのケーブルの角度」と「バーを引っ張る前腕の角度」が一致して、より強く力を入れて引き下げていくことができるのだ。それに、これを意識していると、より広背筋が使われて、この筋肉を効率よく鍛えていくことにもつながる。

このように、ラットプルダウンは、「肩甲骨の位置」「首の長さ」「ひじの位置」に注意を払いながら行なうようにするといい。正しいフォームがとれていないと、（背中の筋肉をあまり使わずに）腕の力だけで引っ張っているような状態に陥りがちだ。ぜひ正しいフォームで行なって、背中の筋肉を効果的に鍛えていくようにしてほしい。

〈ショルダープレス〉
肩を盛り上がらせたいなら「真上に上げる」

体を後ろに反らした姿勢でダンベルを上げている。

右上のイラストの状態のまま体をまっすぐ立ててみると、「ロジカル」とはダンベルを上げる角度が異なる。つまり、「ロジカル」とは使う筋肉が違ってしまうのだ。

鍛えられる筋肉➡ 三角筋・上腕三頭筋

ロジカル筋トレ

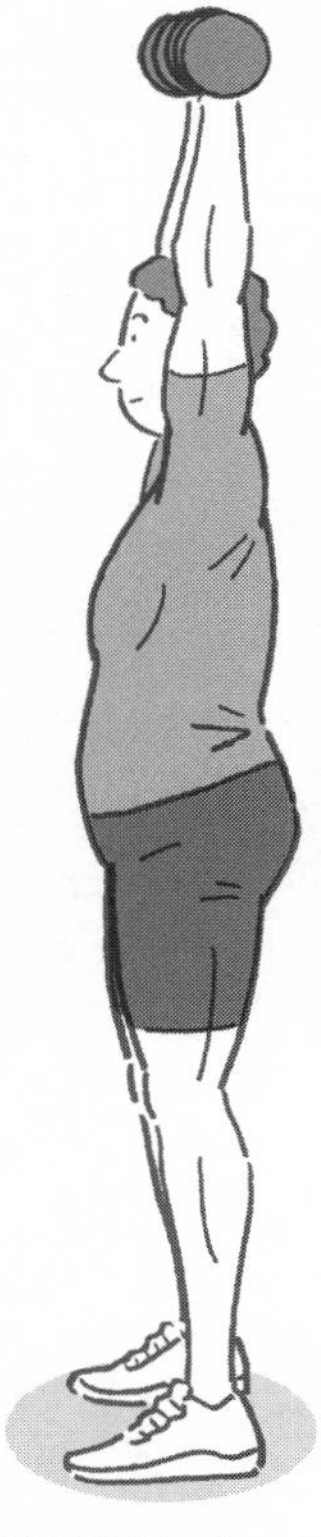

体をまっすぐに立てたフォームで行なう。

ショルダープレスに関しては、ボディメークを目的とする人の立場で考えてみる。

このメニューは、三角筋・上腕三頭筋を鍛えるためのダンベルトレーニングだ。三角筋は肩の盛り上がりをつくっている筋肉のため、ボディメークの人は強そうな肩をつくる目的でショルダープレスを行なうことが多い。また、アスリートにも肩周りを強化する目的でショルダープレスを行なう人が少なくない。

このメニューで「ざんねん」と「ロジカル」を分けるポイントになるのはダンベルを上げる「角度」だ。

ロジカルに行なうには、体をまっすぐに立て、ダンベルを「真上」に上げなくてはならない。真上方向のベクトルを意識して上げ下げしていれば、三角筋に１００％の力がかかり、この筋肉を効率よく太くしていくことができる。

一方、「ざんねん筋トレ」に該当するのは、体を反らしてダンベルを上げている人だ。体を反らして上げていると、三角筋だけではなく大胸筋の力を借りながら上げるかたちになる。しかも、体を反らせば反らすほど、大胸筋が使われる比率が上がっていってしまうことになる。

これは、大胸筋に力を逃がして〝ラクをしながら〟ダンベルを上げているようなものだ。

そのため、三角筋・上腕三頭筋に狙いを定めて鍛えたい人にとっては、かなり非効率なフォームだと言っていいだろう。

ただ、トレーニングジムなどで見ていると、けっこう「体を反った姿勢」でやっている人が少なくないのだ。どうやら、「重量の罠」にハマってしまっている人が重量クラスのダンベルにトライして、だんだん上げるのがつらくなってくると「体を反らしたフォーム」に切り替えるというパターンが多いようだ。

しかし、これでは到底合理的なトレーニングとは言えない。私は、無理して重いダンベルにトライするよりも、軽いダンベルを用いてしっかり体を立て、「真上」へ上げてトレーニングするほうがずっと効果が上がると思う。

なお、このショルダープレスも目的によってやり方やフォームを使い分けていく必要がある。たとえば、アスリートの場合、「三角筋の後ろ側を大きくして背中の筋肉との連動性を高めたい」といった目的があるなら、私は意図してダンベルを頭の斜め後ろ方向へ上げるような指導をする。そうすると、より肩の後ろ側を強化することができるのだ。このように、その人の目的によって正解はさまざまに変わってくるということをつけ加えておこう。

〈ダンベルカール〉
「キツイ上げ方」か「ラクな上げ方」かで大きな差がつく

ざんねん筋トレ

勢いよく反動をつけて、腕を真下に伸ばした状態からひじを完全に折り曲げた状態まで、一気に動かしている。

鍛えられる筋肉➡ 上腕二頭筋

ロジカル筋トレ

ダンベルを持ち上げるときにひじを後ろに引く。ダンベルを下げるときにひじを前に出す。「ざんねん」より軽いダンベルでもこちらのほうが負荷が大きくなる。

「腕を太くしたい」「上腕二頭筋を鍛えたい」という人がたいてい最初に取り組むトレーニングがダンベルカールだ。これもボディメークの立場で考えてみたい。

このトレーニングによる上腕二頭筋の鍛えられ方は、どれくらい「筋肉に負荷のかかる上げ方」をしているかで決まってくる。すなわち、「キツイ上げ方」をしている人は上腕二頭筋に早く筋肉をつけることができ、「ラクな上げ方」をしている人は上腕二頭筋に筋肉がつくのが遅くなる。この「上げ方の差」で「ロジカル」と「ざんねん」とがくっきり分かれることになるのである。

「キツイ上げ方」と「ラクな上げ方」を分けるポイントは「ひじの位置」だ。

多少つらくても上腕二頭筋をしっかり使って上げようという意識がある人は、ひじのポジションを前後に動かしながらダンベルを上げ下げしていることが多い。上げる際はひじを少し後ろへ引きながらダンベルをゆっくりと上げる。また、下げる際は真下にストンと下ろすのではなく、ひじを前へ出しながらゆっくり下げていき、自分の斜め下の位置でダンベルを止める。

これはテコの原理を利用した方法なのだが、こうすると、最初から最後までずっと腕にダンベルの負荷がどっしりとかかり続ける。もちろん、持ちこたえられないほどに腕がキツイのだが、キツイ分だけ効率よく上腕二頭筋を鍛えることができるわけだ。

では、ざんねん筋トレの「ラクな上げ方」のほうはどうか。

こちらは、「ひじの真下」と「ひじの真上」を往復させるようにダンベルを上げ下げしているケースだ。当たり前だがひじを伸ばしてダンベルを真下に下げている状態では筋肉にはまったく負荷がかからない。同じように、ダンベルをひじの真上に上げている状態も、重みがまっすぐ骨に支えられるかたちになるため、筋肉にはほとんど負荷がかからない。つまり、「ひじの真下のポジション」も「ひじの真上のポジション」も上腕二頭筋にとってはほっとひと息つける「休憩ポジション」のようなものなのだ。

すなわち、「ラクな上げ方」をしている人は、「真下の休憩ポジション」から「真上の休憩ポジション」へとダンベルをただ移動させているだけだ。しかも、この上げ方をしている人は、「真下」から「真上」へと〝フンッ〟と力を入れて勢いよく一気に上げていることが多い。このように瞬間的に上げてしまうと、ダンベルの重みはほとんど腕にかからない。〝ダンベルの瞬間移動〟だと、上腕二頭筋が使われる場面が非常に少なくなってしまうことになる。

だから、非常に「ざんねん」なのである。

また、「自分はひじのポジションを前後に動かしている」という人も、ダンベルを上げる際にひじを前に出し、下げる際にひじを後ろに引いているのでは「ざんねん」だ。せっかくの負荷を逃がしていてもったいない。

繰り返すが、ダンベルカールは上腕二頭筋を鍛えるトレーニングだ。それなのに、普段からこういう「ラクな上げ方」をしていたとしたらどうなるだろう。当然、上腕二頭筋はほとんど鍛えられず、まったくトレーニング効果が上がらずに、「いったい何のためのトレーニングをしているのか分からない」といった状態になってしまう。

なお、こうした「ざんねんなダンベルトレーニング」をしている人には、「重量の罠」にハマってしまっている人が多い。

周りの人がためらうような超重量クラスのダンベルも、「ひじの真下」から「ひじの真上」へと〝フンッ〟と力を入れてやれば、けっこう上げられてしまうものだ。その人は、たぶん周りから〝こんなに重いダンベルを上げられてスゴイ〟という目で見られて、ちょっといい気分になるのかもしれない。

ただ、いくら超重量クラスのダンベルを上げられたとしても、それが筋肉のトレーニングにつながっていなかったらやる意味があるのだろうか。もし上腕二頭筋をもっと大きくしたいのなら、軽量のダンベルを使って「キツイ上げ方」をしていくほうがよっぽど有効なトレーニングになるはずだ。ロジカルな人は「いかにひじの真下と真上にダンベルを持ってこないようにするか」を考えたフォームで行なっている。

先にも述べたように、上肢のトレーニングはたいへん熱中しやすく、自分でも気がつかないうちに「重量の罠」にハマっていってしまう人が少なくない。なかには熱中するうちに本来の自分のトレーニング目的を見失っていってしまう場合も多い。

だからこそ、みなさんは「なぜこれをするのか」の原点に立ち返りつつ、目的を見失わず、自分を見失わずにトレーニングをしていくようにしてほしい。「ざんねん筋トレ」を「ロジカル筋トレ」へシフトしていくには、「自分はなぜこのトレーニングをするのか」を考えることがいちばんの近道なのである。

第4章 下肢

——足、腰、尻の筋肉で地面を踏み込む

なぜ、「足腰を鍛えろ」と言われるのか

足腰を鍛えろ――。きっと、体をトレーニングする者なら、誰しも一度は言われたことのある言葉だと思う。

だがみなさんは、「なぜ足腰を鍛えたほうがいいかの理由」をちゃんと考えたことがあるだろうか。

みなさんの中には、ジムでレッグカールやレッグエクステンションなどのマシントレーニングを行なっている人も多いと思う。もちろん、そういったトレーニングを行なえば足腰を強化できる。でも、そうやって足の筋肉を鍛えることに、いったいどんな意味があるのか考えたことがあるだろうか。

この「なぜ」に対して、私が出した答えは「地面をより力強く押せるようになるため」というものだ。

そう、私は、人間が足腰を鍛えることによって得られる最大の恩恵は、「地面を強く押せるようになること」だと考えているのである。

「地面を押せるようになること」と言われても、いまひとつピンと来ない人もいらっしゃ

るかもしれない。

しかし、われわれが「なぜこの地上で体の筋肉を動かして活動したり運動したりすることができているのか」という点を突き詰めていくと、最終的にたどり着くのが「地面との関わり」なのだ。

当たり前だが、人は地面に立って生きている。2本の足で直立姿勢をとるのはけっこう不安定なのだが、足元のくるぶしの下に全体重を集め、地面をしっかり踏み込むことによって体を安定させている。だから、「体重70キロの人が立っている」ということは、「70キロの力をかけて足で地面を踏み込んでいる」のと変わらないことになる。

そして、この「足で地面を押す力」がわたしたちのすべての動作の基本となっているのである。

ぜひイメージを浮かべてほしい。「走る」という動作ができるのは、足で地面を蹴った反作用で自分の体が押し出され、それを繰り返すことで体が前へ進んでいくからだ。「ジャンプ」という動作ができるのも、地面を下へ強く押し込んだ反作用で自分の体が宙へと押し上げられるからだ。野球のピッチャーが「ボールを投げる」という動作ができるのも、地面を強く蹴り込んで生み出した力を、体重移動によって上半身や腕、手へと伝えているからだ。このように、わたしたちが日常の生活やスポーツ競技で行なっている身体動作は、ほとんどが「足で地面を蹴ったり押し込んだりする力」によって支えられていると言ってもいいのである。

こういった「足腰で地面を押し込むこと」の重要性が分かっていると、下半身の筋力トレーニングはより確かな意味を持つようになっていく。たとえば、「レッグカールやレッグエクステンションをすれば、（動きそのものは地面を押し込む動作ではないものの）必要な筋肉が鍛えられて、もっと地面をより強く押し込めるようになるんだ」といった、自身の動作をレベルアップすることへの意識が出てくる。

つまり、足腰をロジカルにトレーニングしていくには、こうした「なぜ」を分かったうえで行なっていく姿勢が大切なのである。

足腰はすべての力を生み出す起点だ。

この第4章では、足、腰、尻など、下肢の筋肉を起点にして生み出した力を合理的に活用していくにはどうすればいいかについて述べていくことにしよう。

バーベルを上げるときは「地面から力をもらう」

ベンチプレスのところでも述べたが、私は、アスリートをトレーニング指導するときに、よく「もっと地面反力を使え」という言葉を口にする。

「地面反力」というのは、地面を強く蹴ったり押し込んだりしたときの反動として「地面からもらい受ける力」のことを指す。たとえば、スクワットは地面への踏み込み能力を向上させるためのトレーニングと私は考えているのだが、バーベルを持ってのスクワットで体を上げていくときに「もっと地面反力を使って上げろ！」と言ったりする。

しっかりと地面反力をもらうには、しっかりと立って地面を力強く踏み込まなくてはならない。そのため、私は、体重70キロの人が100キロのバーベルを上げる場合、「100キロのバーベルを上げようとするよりも、自分の体重とバーベルの重量を足した170キロで地面を押し込め」といった指導をする。

この感覚がつかめてくると、人は自然に「いちばん強く地面を押せるポジション」をとってスクワットをするようになる。また、フォームもおのずと整ってきて、「地面を強く押せる理に適ったフォーム」をとるようになっていく。そうすると、170キロの力強さで地面をしっかりと押し込み、その地面反力を使って100キロのバーベルを上げられるようになっていくのである。

このように、人は「地面をしっかりと押すこと」を意識していると、あれこれ教えられなくても本能的に合理的な動作をとるようになっていくものなのだ。もちろんスクワットに限った話ではない。他の筋トレメニューでも「足腰で地面を力強く押すこと」を意識していると、押すためのフォームがピシッと固まって、合理的かつ効率のいいトレーニングができるようになっていく。

さらに、日々足腰で地面を踏み込むトレーニングを積んでいると、日常動作にも好影響が現われるようになる。例を挙げれば、床から重い荷物を持ち上げる際、足で地面を踏み込むことによってスムーズに持ち上げられるようになったり、電車通勤の際、足を踏み込んで立っているために大きく揺れても体がグラつかなくなったり……。なかには、普段から地面を押すのを意識しながら歩いたり走ったりしていたら、いつの間にか足が速くなっていたという人もいる。

おそらく、地面を押し込み、地面から力をもらうということは、人間が合理的な動作をするためのいちばんの基本なのだろう。逆に言えば、わたしたち人間は「足腰で地面を押す」を習慣にすることによってこそ、合理的で効率のいい身体動作を取り戻していくことができるのではないだろうか。

剛速球のピッチャーは下肢が強い

私は、下半身を起点とする力は、「アクセル」と「ブレーキ」のふたつの役割を果たしていると考えている。

アクセルのほうは分かりやすい。短距離走選手が驚異的なスピードを発揮したり、走り幅跳びの選手が足をバーンと蹴って見事な跳躍を見せたり、エネルギーを一気に爆発させたり瞬時にギュイーンと加速したりするような力だ。

では、一方のブレーキのほうはどうか。

こちらは、足腰で地面を蹴って得た力を一気に止めることによって、そのエネルギーを末端まで伝え、末端が力強い動きをするのを可能にする力だ。運転中に急ブレーキを踏むと運転手の体は反動でガクンッと激しく前方にブレる。そうした強い反動エネルギーを生かしていくことになる。

また野球のピッチャーを例にとって説明しよう。先述したように、ピッチャーは「足の力で投げている」ようなものであり、下半身で生み出した力を体重移動で上半身や腕に伝えることにより投球をしている。剛速球を投げるには足腰でめちゃくちゃ強い力を生み出

シアトル・マリナーズの菊池雄星投手。前足を斜め前45度の角度でマウンドの土に力強く刺している。（提供：USA TODAY・ロイター＝共同）

す必要があるわけだが、では、その「めちゃくちゃ強い力」はどうすれば効率よく生み出すことができるのだろうか。

まずは軸足（右投げなら右足）でしっかりと地面を捉えて立ち、そこから強く地面を押し込んでキャッチャー方向に体を移動させることが何よりも重要である。しかしそれだけでは強い球を投げるには不十分だ。

そこで必要になるのが「前の足を地面にズドッと刺して急ブレーキをかける力」なのである。多くのメジャーリーガーや菊池雄星投手など剛速球を投げるピッチャーを見ていれば分かると思うが、そういうピッチャーは踏み込んだ前足を「斜め前45度の角度」でマウンドの土に力強く刺している。私はよく「思い切り地面に突き刺すように！」と言っているのだが、それくらい力強くズドッと刺すと、そのブレーキングによって生まれた地面反力が「斜め後ろ45度方向」へ押し返されていくのである。

仮に、軸足によってつくり出された「キャッチャー方向に体全体を移動させる力」を１００とする。踏み込んだ前足が完全にブレーキをかければ下半身はキャッチャー方向に移動せずに止まり、結果として上半身だけが１００の力でキャッチャー方向に移動することになる。同じエネルギーで小さいものを動かすとスピードが上がる。すなわち、腕が速く振れることになるのだ。

つまり、強い球・速い球を投げるには、どれだけ強く前足のブレーキをかけられるかがカギだということである。そのブレーキングが強ければ強いほど、上半身や腕がビュンッと力強く出ていくことになる。

だから、下半身を強く止めるコツを心得ている人は、上半身を力強くスピーディーにしならせることができるのだ。もちろん、こうした足腰でグッと踏ん張るブレーキングが役に立つのは野球のピッチングだけではない。バッティングのほうでも大切だし、やり投げ、砲丸投げといった投擲《とうてき》種目、テニスのサーブ、バドミントンのスマッシュ、バレーのアタックなどでも、ブレーキをかける足腰の能力の高さが大切になってくる。

お分かりいただけたろうか。

このように、足腰を鍛えていく際には、「アクセル」と「ブレーキ」、両方の能力を高めていくといいのである。

トレーニングで足腰の筋肉を強化することは大事なのだが、ただ単にエンジンである筋肉を大きくしただけで満足していては、宝の持ち腐れのようなものだ。そのエンジンの大きさを生かしていくには、適宜アクセルを踏んだりブレーキをかけたりして、エンジンで生み出した力をコントロールしていかなくてはならない。

だからこそ、日々の筋力トレーニングにおいて、アクセルとブレーキを働かせるのを意識して鍛えていくことが必要なのだ。大きなエンジンを搭載して体をうまくコントロールできるようになれば、自分のことも他人のことも十分納得させられるような、すばらしいパフォーマンスができるようになっていくだろう。

それに、アスリートだけでなく一般の人々も、日々のトレーニングでアクセルとブレーキの能力を高めていけば、自分の体をしっかりコントロールできるようになっていく。すなわち、足腰の筋肉を鍛えてアクセルとブレーキを使いこなす運転技術を身につけていけば、自分の体をうまく運転して、日々の生活や人生を快適にドライブすることができるようになっていくのである。

私は、こういったトレーニングをしていってこそ、足腰を鍛えていく意味があると考えている。丈夫な足腰をつくっておくことは、ゆくゆく自分にとって必ず有利に働く。みなさんも、どうせ下半身を鍛えるのであれば、できるだけこういう「意味のある鍛え方」を心がけるようにしていってほしい。

その「走り込み」は何を強化しているのか

ここで少し「走り込み」について述べておこう。

みなさんの中には「足腰を鍛える」というと、条件反射のように「走り込み」を連想する人も少なくないのではないか。

私は別に走り込みを否定はしない。ただ、これに関しても、どうせ走り込みをするなら「意味のある走り込み」をしたほうがいいと思うのだ。

どういうことかというと、心肺機能や持久力を向上させるために走り込みをするのなら、別に自転車を漕いだって縄跳びをしたっていいじゃないかという話になる。だから、何のためにやるのかの目的をしっかり捉えたうえで走り込みをするほうがよく、もし仮に「足腰を鍛える目的」で走り込みをするのであれば、「足腰を鍛えるのに向いた走り込みの仕方」をするほうがいい。

では、「足腰を鍛えるのに向いた走り込み」とはどういうものか。それは、一歩一歩地面を押し込んでランニングをする走り込みだ。

私は以前、ある野球チームの練習を見学に行った際、若手の選手たちが走り込みをやっている横で監督がかけていた言葉にとても感心させられたことがある。それというのも、その監督が前を通り過ぎていく選手ひとりひとりに対して「ひざを正面に向けて一歩一歩地面をしっかり踏み込んで走れよ」と声をかけていたからだ。つまり、その監督は選手たちに、「そうやって走り込んだほうが足腰の鍛錬につながるんだぞ」ということを教えていたわけだ。

スクワットと同じで、一歩一歩地面を踏み込みながらランニングを行なうと地面反力が利いて効率よく足腰を強化することができる。アスリートの場合、よく古タイヤを引っ張って走ったり、チューブを引っ張って走ったりするトレーニングを行なうが、ああいった負荷をプラスしたランニングも理屈は同じだ。タイヤやチューブなどの負荷をかけると一歩一歩地面を力強く踏み込まないと前に進まない。そうやって地面をより強く踏み込ませることで効率よく足腰の筋力を向上させようとしているわけだ。

私は、走り込みトレーニングの目的は、大きく3つに分けられると考えている。1つめは「足腰の強化」、2つめは「速く走れるようにする」、3つめは「持久力を高める」だ。

そして、走り方や練習方法はこれら3つの目的ごとに違ってくる。擬音で簡単に説明するなら、足腰を鍛えたい人は「ドッ、ドッ、ドッ」と足で地面を押していく走り方をするほうがいいし、速く走りたい人は「パンッ、パンッ、パンッ」と勢いよく地面から弾かれるような走り方をするほうがいい。また、マラソンなどで持久力を高めたい人は、足腰の疲労を極力少なくするために関節のクッションをうまく使って「タッ、タッ、タッ」と軽い走り方をするほうがいいのである。

つまり、同じ走り込みをするにしても、何を目的にして走るかでトレーニングの仕方や方法が大きく違ってくるのだ。

もし目的や走り方など気にせずひたすら長い時間を走っていたり、自分の目的に合わない走り方をしていたりした場合、トレーニング効果も期待とは大きく違ってきてしまうので気をつけたほうがいい。

学校の部活動などでは、まったく無目的に走り込みをしているケースも少なくない。〝ただなんとなく言われたまま走っている〟〝コーチや先輩に言われたから仕方なく走っている〟といった姿勢では、当然ながらたいした成果は上げることができない。「なぜやるのか」の理由が分かっていない筋トレがなかなか成果が上がらないのと同じように、「なぜ走るのか」の理由や目的が見えていないランニングは、たいへん非効率的で成果につながりにくいものとなってしまうのだ。

まあ、まったく意味がないとまでは言わないが、どうせするのなら、自分の目的をちゃんと捉えたうえで「意味のある走り込み」をするように変えていくべきだろう。

四股や鉄砲は非常に合理的な下半身トレーニング

相撲取りが行なっている「四股《しこ》」や「鉄砲」などの稽古は、強靭な下半身をつくるのにたいへん理想的なトレーニングだ。

それらがいかに理に適《かな》った合理的トレーニングかをちょっと説明しておこう。

他人から聞きかじった話だが、相撲の四股はそもそも「大地の荒ぶる魂」を鎮《しず》めるために行なっているものであり、そのため足を下ろすたびに地面をグイッと押し込んで踏み固めているそうだ。

すなわち、四股は「地面を強く押し込むことを目的とした動作」だということになる。

実際やってみれば分かるが、地面を力強く押し込むには、腰をグッと落としたフォームをとって、全身の力を足に結集させなくてはならない。上体の重みに加え、大臀筋や大腿四頭筋の筋力をすべて足に乗せたうえでドスッと下ろしていく——このように体を合理的に動かしているからこそ力強く踏みしめられるのだ。まさに四股の一連の動作は、地面を押し込むことの究極のかたちと言っていいだろう。

それに、四股を踏んでいると、強く押し込めば押し込むほど地面反力が利いて足腰を強化することへとつながっていく。おそらく、足腰をどっしりと安定させて下半身の筋力を強化していくのに、これほど効率のいいトレーニングは世界中どこを探してもないのではないか。

そのため、私は筋トレ指導の一環として、下半身を強化したいという人には四股踏みを勧めている。アスリートだけでなく一般の方にも四股踏みトレーニングを勧めることが少なくない。

もっとも、一般の方の場合、最初のうちは片方の足を上げたときにフラついてしまうことが多い。フラフラしてしまうのは、「足を上げること」に対して意識が向いてしまっているためだ。

だが、そういうときに「上げるほうの足ではなく、地面についているほうの足で、より強く地面を押し込む意識でやってみて」とアドバイスすると、たいていの人は体のフラつきがピタッと止まる。地面を強く踏み込もうとすると、自然に中心軸が決まって体を安定させることができるようになるのだ。

地面をしっかり踏み込むのは、人がフラつかずに体を安定させていくための基本だ。その点で四股踏みはわたしたちが合理的な動作を取り戻していくのに欠かせないトレーニングと言ってもいいだろう。

また、四股と同様に、鉄砲も下半身を鍛えるのに向いたトレーニングだ。ご存じの人も多いと思うが、鉄砲は、力士が太い柱に向かって手で繰り返し突き押しをする稽古。じつは、あれは「腕の力を鍛える」というよりも、むしろ「足腰を鍛える」ためのトレーニングと言うべきなのである。

ちょっと考えてみてほしい。

手で力強く柱を押せば、普通は柱を押した反動によってズズッと足が後ろへすべってしまう。では、足が後ろへすべらないようにするには、いったいどうしたらいいか。そう、それには両足でしっかり地面を踏み込んで、足腰に目一杯の力を込めることが必要になってくる。

つまり、鉄砲稽古をしているときの力士たちは、「手で柱を突いている」のではなく、「足で地面を押している」ようなものなのだ。ひと突きひと突きごとに、足をグッと踏ん張って地面から反動の力をもらい、その〝足腰で生んだ力〟を腕から手へと連動させることで柱を突いているのである。

だから、土俵において力士たちが繰り出す張り手や突き押しには、「足でドカッと蹴られるような衝撃」が乗ることになる。相手からすれば、手で突かれるたびに足でガンガンと蹴られているようなものだ。よく相撲は「世界最強の格闘技」と言われるが、そう言われるようになったのも、力士たちが下半身の力を最大限に発揮することのできる合理的なトレーニングを積んできたからなのだろう。

強い力を生む最重要ポイントは「尻」だった！

ここで「尻」の役割について述べておくことにしよう。

最近女性たちの間では、お尻を大きくするための「ヒップ・トレーニング」が流行っている。昔は『キューティーハニー』の歌さながらにお尻の小さい女性のほうがもてはやされていたものだが、ここ数年だいぶ意識が変わって、欧米人のような大きなヒップのほうがかっこいいと思われるようになってきたようだ。

もともと、日本人は欧米人に比べると、男女とも尻の肉づきが華奢《きやしゃ》だ。その「サイズ感」や「がっしり感」にはかなりの差があり、西洋のファッションブランドの服を日本人が着ると、ズボンの尻の部分だけがぶかぶかになってしまうことが多い。

西洋では立ち上がるのにも階段を上るのにも、日常のちょっとした動作でいちいち尻の筋肉を使っていることが多く、おのずと大臀筋が発達する。これに対し、日本人は、こうした日常動作をとる際に「つま先に体重をかけて大腿四頭筋にばかり負担のかかる動作」をとってしまっていることが多い。そのため、尻の筋肉があまり使われず、欧米人のような大きくてがっしりとした尻になりにくいのだ。

それに、そもそも日本人には、尻を鍛えることを怠《おこた》りがちな人が多い。これに関しては、アスリートもボディメークの人も共通している。体の後ろ側で自分の目に入らないせいもあるのだろうが、筋トレの知識や経験がかなりある人でも尻を鍛えるのを後回しにしてしまっているケースが少なくないのである。

しかし——。

尻を鍛えることは、じつは非常に重要なのだ。

人間が体から生み出す力の中では、「尻から発揮される力」がいちばん強いとされている。なぜなら、足の生え際の股関節は人体の中でももっとも可動幅が大きくダイナミックに動く関節であり、尻の筋肉を使い股関節を曲げ伸ばしして発生させる力が、力学構造的にいちばん大きくなるはずだからだ。

だから、足腰で強い力を生み出すには、尻をしっかり鍛えることが不可欠なのだ。尻の筋肉が鍛えられていれば、股関節をフルに伸展させて走ったり跳んだり蹴ったりすることができるようになる。つまり、大きくてがっしりとした尻は、「ダイナミックに大きな力を生み出せる」という証しのようなもの。そのため、どんなスポーツ種目でもトップ級のアスリートには尻の大臀筋が見事なまでに発達した人が多い。

それに、尻が鍛えられてくると、大臀筋の筋肉が盛り上がって尻全体がグッとリフトアップしてくるようになるので、後ろから見たときにとても足が長く見えるようになってくる。欧米のアスリートには日本人と比べて尻の位置が高くて足がスラッと長い人が多いが、それには（もともと遺伝子的・物理的に長いという側面はあるものの）大臀筋の発達度合いが関係している点も大きいのではないか。

このように、尻の筋肉はスタイルのよさやビューティー方面にも少なからぬ影響をもたらしているのである。

だから、最近の女性たちがお尻の筋肉を大きくすることに関心を持ち始め、「ヒップ・トレーニング」が流行していることは、お尻の重要性に注目が集まるという点で、私はとてもよいことだと思っている。ただ、あえて言うなら、そのお尻のトレーニングをビューティー面だけでなく、日常生活動作をより快適にすることにもつなげていってほしい。

「ケツで押し込め!」が下半身トレーニングの基本

尻についてもう少し続けよう。

先にも述べたように、わたしたち人間は足腰で地面をしっかり押し込むことによって、身体パフォーマンスを向上させていけるようになる。私は、その「地面を強く押すこと」に、いちばん貢献をしているのが尻だと考えているのだ。

尻の筋肉によって生み出されるパワーは、全身の中でもっとも強力だ。尻のパワーをフルに乗せられれば、それまでより大きい力で地面を踏み込めるようになるだろう。

このため私は、よくトレーニング中のアスリートに対して「もっとケツで押し込め！」という言葉を使う。尻の大臀筋には折り曲げた股関節を伸ばす役割があって、しゃがんでいる状態から立ち上がるときなどに使われる。すなわち、「ケツで押し込む」ということは、大臀筋を使って股関節をしっかり伸ばすことで地面を押すという意味になる。

バーベルを上げるときも、「もっと足を踏ん張ってケツで押し込め！」、四股踏みやレッグプレスを行なうときも、「ケツの力を乗せて踏み込むんだ！」といった感じだ。少々品のない言い方だが、要するに尻の筋肉のパワーをフルに乗せて地面を踏み込んでいけという話だ。

そして、この「尻の力で地面を押し込む感覚」が身についてくると、アスリートは自身のパフォーマンスを向上させられるようになることが多い。たとえば、野球のピッチャーなら〝ケツで押し込むように〟前足を地面に刺せるようになれば、より強い球を投げられるようになる。また、バッターも〝ケツで押し込むように〟前足を地面に刺せるようになれば、より強いスイングでボールを叩けるようになる。アスリートにとっては、地面を押すことに尻の力をどれだけ割いていけるかが、自分の能力を引き上げる大きなカギだと言える。

みなさんの中には〝こんなに尻が重要なら、早速、尻を鍛えるトレーニングを始めようかな〟と思っている人もいらっしゃるかもしれない。

ただ、私はトレーニングをするなら、専用マシンで尻の筋肉を単独で鍛えるのではなく、「足で地面を踏み込む力」をしっかり鍛えていくほうをおすすめする。

なぜなら、しっかり地面を踏み込むトレーニングを続けていれば、尻はおのずと鍛えられてくるからだ。スクワットやランジ、四股などの〝地面踏み込み系のトレーニング〟をしていれば、尻の筋肉は自然と強化されていく。それに普段の生活で、歩いたり走ったり階段を上ったりするときにしっかり地面を踏み込むように習慣づけていけば、否が応でも尻の筋肉が使われるようになっていく。

そうすれば、放っていても尻ががっしりとしてくるはずだ。きっと、尻が強化されてより強く地面を押し込めるようになれば、いっそう尻に力が入るようになっていくことだろう。そして、こういういい流れができると、本当の意味での「強い足腰」をつくっていけるようになるのである。

階段は「尻を使って」上れば疲れない

私は、日々の生活動作でも地面をしっかり踏み込むようにしていくことが大切だと考えている。

歩くにしても、立ち上がったりしゃがんだりするにしても、普段から地面を踏み込むのを意識していると、人は自然に合理的で効率のいい体の動かし方をするようになっていく。また、そうやって日々合理的に体を動かしていると、だんだん全身がスムーズに動くようになり、体が疲れにくくなったり、関節を痛めにくくなったりといった数々の効果がもたらされるようになるのだ。

ここは「階段上り」を例にとって説明することにしよう。

みなさんは普段どのような階段の上り方をしているだろう。もしかして、軽く前傾姿勢をとりながら一歩一歩ステップの端に「つま先」をかけ、ひざを前に出すようにして上ってはいないだろうか。

じつは、この上り方はたいへん疲れやすく、ひざの負担も大きいのだ。この上り方をしていると、太ももの前側やふくらはぎなど、足の特定の筋肉に負担がかかる。おそらく、長い階段を上った際、これらの筋肉に疲れを感じる人も多いはずだ。それに、この上り方をしていると一歩一歩ひざに体重がかかり、ひざ関節のクッションで負荷を受け止めながら上るかたちになる。そのため、長年この上り方をしていると関節が悲鳴を上げ、ひざ痛に陥りやすくなるのだ。

では、いったいどういう上り方をすればいいのか。

そこで、ぜひ習慣づけてほしいのが「一歩一歩階段のステップを〝かかと〟で踏み込む上り方」なのである。

この上り方を具体的に紹介すると、まず、姿勢は前傾させずにまっすぐの状態をキープ。ステップにかける足は、つま先からかかとまでの全体を奥のほうまで入れていくほうがいい。そのうえで、足のくるぶしの真下へ体重をかけるようなつもりで「かかと」でステップをしっかり踏み込んでいくのである。

それと、この踏み込みの際に忘れないでほしいのが、「尻に力を込めること」だ。すなわち、尻に力を入れながら、股関節を伸ばす動作をしている意識でステップを下へ強く押し込み、その地面反力を使って体を上げていくのである。さらに、体を上げる際は前方を意識するのではなく、体を真上へ上げるのを意識してステップを上っていくといいだろう。地面を真下に押し込むのだから、反作用として体は真上に押し上げられる。

図8 階段の上り方

●ざんねんな上り方

ステップの手前側に靴の半分ぐらいを乗せている。ひざが前に出て、体は前傾している。

○ロジカルな上り方

姿勢がまっすぐ伸びている。足の裏全体をステップに乗せている。

このように、階段は一歩一歩ステップを押し込みながら「尻で上る」ものなのだ。この上り方をしていると、尻を司令塔のようにして、足の筋肉にかかる負担がバランスよく分散される。また、足の踏み込みによって地面反力が利くため、あまり力をかけず余計なエネルギーを使わずに上れるようにもなる。これによって、疲れることなくスイスイと階段を上れるというわけだ。

しかも、この上り方をマスターすれば、ひざ関節のクッションの力を借りずとも、足腰の筋肉の力だけで体を上げていくことができるようになる。そのため、ひざ関節にあまり負荷がかからず、ひざを痛めにくくなるのである。

きっと、現在ひざ痛に悩まされている方も、この上り方なら痛みを気にせずラクに階段を上れるようになるはずだ。以前、私のもとにひざ痛持ちの人がいらっしゃっていたことがあるのだが、その人にこういった「ひざ関節に負担をかけない体の使い方」を指導して実践してもらったところ、なんとそれだけでひざ痛が治ってしまった。

階段上りでトレーニング界の盲点「腸腰筋」が鍛えられる

なお、こうした「正しい階段上りの習慣」は、体のインナーマッスル・腸腰筋を鍛えることにもつながる。

腸腰筋は背骨と大腿骨をつないでいて、体を支えたり太ももを上げたりするのに重要な働きをしている筋肉だ。高齢になってから歩行機能を衰えさせないようにするには、この筋肉をしっかりキープしていくことが不可欠だとも言われている。

ただ、じつはこの腸腰筋、非常に重要であるにもかかわらず、非常に鍛えにくい筋肉なのである。

腸腰筋を鍛えるには、「もも上げ」のように、足をしっかり引き上げるトレーニングを積むことが有効なのだが、不思議なことに、太ももを引き上げるタイプのトレーニングメニューはほとんどない。トレーニングとして思い当たるのは本当に「もも上げ」くらいのもので、マシントレーニングでも有効なものはわずかしかない。足を引き上げる動作は、トレーニング界における盲点になっているのかもしれない。

しかし、「正しい階段の上り方」を習得して、しっかりひざを上げ、しっかり足を上げてステップを上っていれば、おのずと腸腰筋を刺激することができる。だから、腸腰筋の機能を維持して、歩行機能を末永く維持していくという点でも、日々の生活の中で正しく階段を上るよう習慣づけていくほうがいいのだ。

それに、足を引き上げる動作は、しっかり地面を踏み込むためにも欠かせないものだ。「足を引き上げる」のと「足を下へ踏み込む」のとでは、まったく逆の動きになるわけだが、しっかり足を踏み込むためにはしっかりと足を上げなくてはならない。日々足を引き上げるのを習慣にしていれば、丈夫な足腰を維持できるだけでなく、地面を踏み込む力がよりいっそう増して、毎日の生活・スポーツ・習い事などのさまざまな場面で安定したパフォーマンスを発揮していけるようになるだろう。

私は、自分が指導するアスリートには、普段の生活でも階段上りをはじめ「地面をしっかり押し込む動作」を実践してもらっている。実践した選手たちからは、「おかげでケガをしなくなった」「体が軽く感じられるようになった」「腰の動きがよくなった」「疲れが回復するのが早くなった」「姿勢がよくなったと他人から言われるようになった」「ぐっすり眠れるようになった」といった声も上がっている。

きっと、足腰で地面を押し込むという合理的動作が身につくと、体のさまざまな機能が本来的な役割を取り戻すのだろう。体を効率よく動かせるようになったことで、体のさまざまな歯車が一斉によい方向へ回り出すのだ。

足腰は、わたしたちの体を支える「土台」だ。この土台が地面の力を得て安定すると、おのずとフォームが安定して、しっかりと体を支えながら、体をスムーズに動かしていけるようになるのである。

ロジカル筋トレの極意は、「足腰で地面を押し込むこと」だと言っても差し支えない。だからみなさんも、ぜひ日々のトレーニングでその「極意＝足腰で地面を強く押す力」を身につけるようにしてほしい。そして、理に適った動作を習慣づけて、パフォーマンス向上などの自分の目的を叶えるのに役立てていってほしい。

＊

では、いったいどのようにトレーニングを積んでいけば、「足腰で地面を強く押す力」を鍛えていくことができるのか。

ここからはまた「ざんねん筋トレ」と「ロジカル筋トレ」を対比させながら、足、腰、尻などの下半身の筋肉を効率よく合理的に鍛えていくためのトレーニングのコツを述べていくことにしよう。

〈スクワット〉
「地面を押し込んだ反作用」でバーベルを上げていく

ざんねん筋トレ

バーベルの上下運動にフォーカスしてしまっている。前傾姿勢になり、お尻が突き出ている。体の中心軸が前後にブレている。

バーベルなしのスクワットの場合。バランスをとろうとして腕を前に伸ばし、前傾姿勢になりお尻が突き出ている。

鍛えられる筋肉➡ 大臀筋・大腿四頭筋・腹直筋・ハムストリングス・脊柱起立筋・内転筋

ロジカル筋トレ

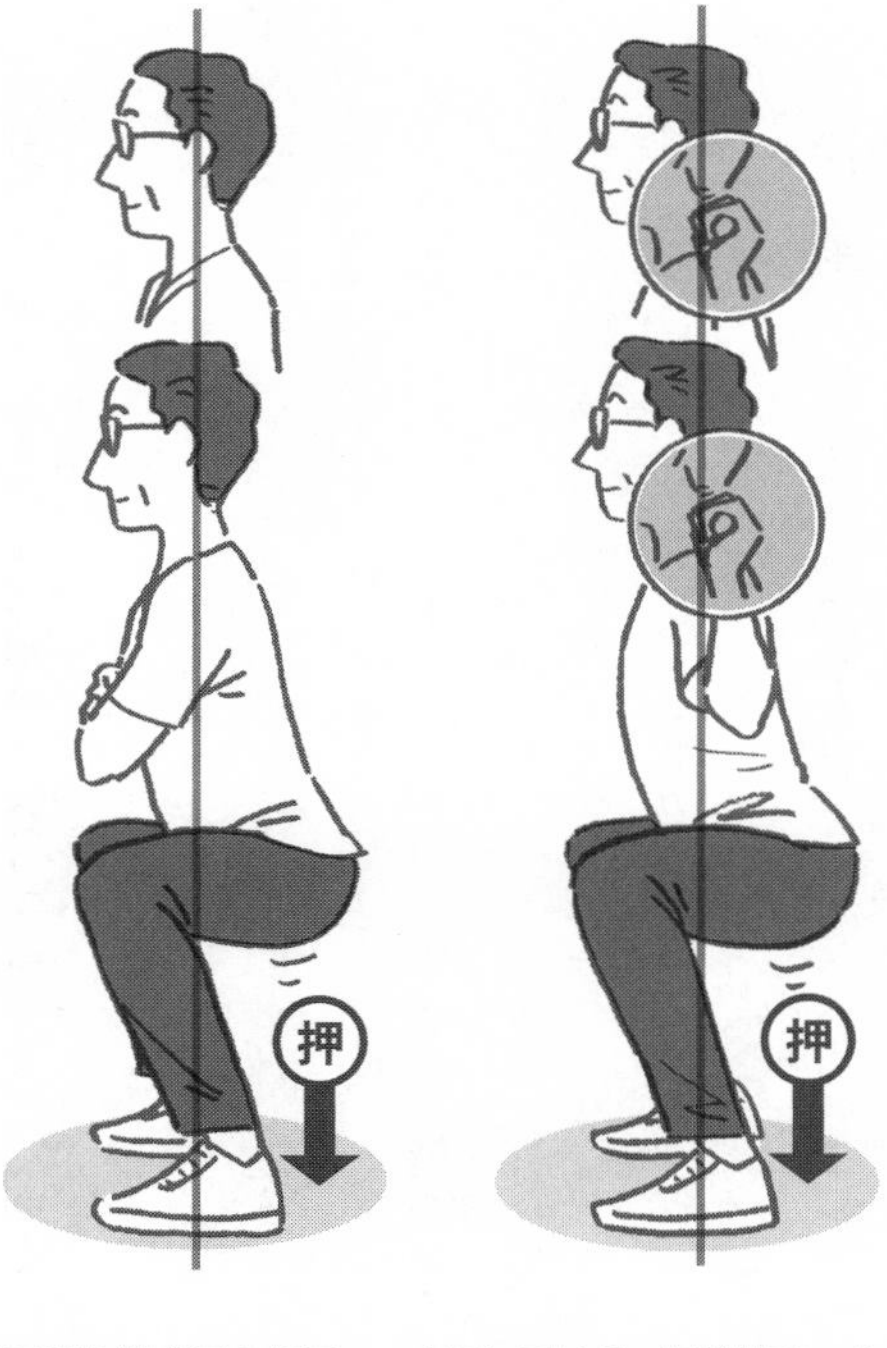

地面を踏み込むことにフォーカスしている。姿勢はまっすぐ、お尻もほとんど突き出ていない。体の中心軸がブレず、上下の直線で動いている。ゆっくりしゃがみ、ゆっくりと立ち上がる。

私は、スクワットは「地面押し込み運動」だと捉えている。

とにかく、もっとも大事なのは地面を押し込むことだ。まずバーベルをかついで立つわけだが、このとき、「自分の体重とバーベルの重量の合計」の重さで地面を押し込んでいる感覚を持つといい。

次に、重さで地面に押しつけられている感覚をキープしながら、ゆっくりとしゃがんでいく。そして、体重とバーベルの合計重量以上の力で強く地面を押し込み、その反作用を使ってゆっくりと立ち上がっていくのだ。

このとき「バーベルを上げる」とか「立ち上がる」といった意識を持つのではなく、地面を強力に押し込んだ反作用によって〝自然に体が押し上げられていく〟ような意識を持つといい。

大切にすべきは「上げる」ではなく、「押す」という意識だ。地面を押すときに、頭の中で「押し込め」「押し込め」「もっと押し込め」と唱えてもいいだろう。こうした意識づけによって足腰で強く地面を押し込めるようになれば、よりスムーズにバーベルを上げられるようになるはずだ。

それと、このトレーニングをロジカルに行なうためのポイントは「中心軸」である。直立した際に、横から見たときの体の中心ラインを確認してほしい。自分の頭のてっぺんからくるぶしの下へと、まっすぐ下りていくラインが体の中心軸だ。あまり知られていないのだが、じつはこの中心軸のラインに沿って体を垂直に上下させていくことが「スクワットで必ず守るべき基本」なのである。

体の中心軸に沿っていれば、体を沈める際には「くるぶしの真下へ向かって垂直に押し込む」かたちになり、体を上げる際には「真上方向へ垂直に押し上げていく」というかたちになる。この真下から真上への上下往復運動を行なっていると、尻の大臀筋をメインとして大腿四頭筋や腹直筋にしっかり力が入り、これらの部位が効率よく鍛えられることになる。

だから、よりロジカルにトレーニング効果を上げたいなら、「中心軸を絶対に外さない」というつもりでスクワットを行なっていくといいだろう。

一方、「ざんねん筋トレ」でスクワットを行なっている人は、この中心軸から外れて動いてしまっている。例を挙げるなら、上体を前傾させて股関節から体を折り曲げていたり、お尻を大きく後ろへ突き出しながら体を上下させていたり、腰を大きく反っておじぎをするような格好で体を上下させていたりといったパターンだ。

こうしたフォームで体を上げ下げしていると「バーベルの上下移動の距離」が長くなるために〝やっている感〟や〝がんばっている感〟を、より大きく得られることが多い。だが、自己満足はできたとしても、他の部分でのマイナス面がいろいろと出てきてしまうことになるのだ。

なかでもこうしたフォームのいちばんのマイナスは、地面を強く踏み込めなくなってしまうことだろう。地面は中心軸を保っていてこそ垂直線上に強く押し込める。だが、体を上下させる軸よりもお尻が後方へ行きすぎてしまうと、垂直に下へ押し込む力が弱まってしまうことになるのだ。

ただ、このようにお尻を後ろに突き出したフォームは大臀筋に大きな負荷をかけることになるため、大臀筋を鍛えるのを目的としてやるのであれば好都合ということになる。しかし、やはり大臀筋という一部の筋肉だけに負担が偏るフォームはよいフォームとは言えない。スクワットは大腿四頭筋、大臀筋、ハムストリングス、腹直筋など下半身の筋肉を総合的に鍛えることのできるトレーニングだ。こうした総合的効果を引き出していきたいなら、中心軸を守って地面を強く踏み込んでいくのが本筋だろう。

それに、お尻を後ろに突き出したフォームでスクワットを行なっていると、腰が反って腹直筋に力が入らなくなるため、「たいへん腰を痛めやすくなる」というマイナスが出てくる。

スポーツジムなどで見ていると、腰痛になるのを防ぐために、腰をベルトで固めたうえでスクワットを行なっている人も多い。しかし、こうしたベルトを装着してスクワットをするのは「自分は腰を痛めやすい『ざんねんなフォーム』でやっています」ということを白状しているようなものだ。

だから、私がスクワットを指導する場合はたとえ高齢の方でもベルトを完全禁止にしている。中心軸をキープしたロジカルなフォームを身につけてしまえば、腰を痛める心配はない。スクワットでの腰痛を防ぐには、腰をベルトで固めるよりも、ロジカルなフォームを固めることのほうがはるかに有効なのである。

実際、私が指導しているアスリートたちはベルトを使用せずに200キロのバーベルをかついでスクワットを行なっているが、腰痛になる選手はひとりもいない。それどころか、もともと抱えていた腰痛が改善した選手がいたということもつけ加えておこう。

〈ランジ〉
「前後運動」ではなく「上下運動」で行なう

ざんねん筋トレ

上体が前方に倒れすぎている。

立ち上がったとき、後ろの足に体重をかけてひと休みしてしまっている。足を曲げたときと伸ばしたときで、体が前後にゆれてしまっている。

鍛えられる筋肉➡ 腹直筋・大臀筋・大腿四頭筋

ロジカル筋トレ

地面を強く押している。前に出したひざはくるぶしの上からほとんど動かない。姿勢はまっすぐ、重心はやや前。

立ち上がっても重心はやや前のまま。体は前後にゆれず、縦方向にしか動いていない。

ランジは足を踏み出して体を沈めることで下肢を鍛えるトレーニングだ。「フロントランジ」「バックランジ」のように「○○ランジ」と名のついた方法がたくさんあるのだが、ここではもっともシンプルなタイプを取り上げていこう。足を前後に開いたまま上下に動く「ステーショナリーランジ」だ。

スクワットと同様に、ランジも「地面押し込み運動」だ。前に出した足に体重をかけ、この片足でいかに地面を下へ強く押し込めるかがポイントになる。

では、前足で地面を効率的に真下へ押していくにはどうしたらいいか。それには上体を沈める際に前足にできるだけ体重を乗せて垂直方向の力をかけていかなくてはならない。そしてそのためには、前足に十分体重を乗せられるようポジショニングして、その位置で体を上下方向に移動させていく姿勢が必要になってくる。

だから、ランジをロジカルに行なうには、スクワットと同じように体の中心軸を意識しつつ、「体を垂直に上下移動させながら、前足で地面を押し込んでいく」ようにするといい。そうすれば、地面を押す際に前足の大腿四頭筋や大臀筋に十分な力が加わって、結果としてこれらの筋肉を効率よく鍛えていけるようになるはずだ。

これに対し、「ざんねん筋トレ」でランジを行なっている人は、前後に体の重心を移動させ、後ろから前へと上体を進ませるように腰を沈ませてしまっている。つまり、「上下運動」をしなくてはならないはずのところで「前後運動」を行なってしまっているのだ。当然ながら、これでは前足に十分体重を乗せることができないし、前足で強く地面を押し込むこともできない。そのため、大腿四頭筋や大臀筋への筋トレ効果も思ったほど上がらないというざんねんな結果になってくるわけだ。

「前足で地面を強く押し込もう」という意識があれば、おのずと地面を押しやすいロジカルなポジションをとれるようになってくるはずだ。今まで「ざんねん筋トレ」だった人は、地面を押す意識を強く持ってロジカルなフォームに変えていくといいだろう。

もっとも、最初に述べた通りランジにはさまざまな種類があるので、何らかの理由があって、あえてそのフォームでやっているなら、それは極めてロジカルな筋トレと言える。ポイントは「理由が分かっているか」ということである。

〈レッグプレス〉
板を押すことよりも、尻をシートに押し込むことを意識

ざんねん筋トレ

尻がシートから浮いてしまっている。

鍛えられる筋肉➡ 大臀筋・大腿四頭筋・ハムストリングスなど下半身の筋肉

ロジカル筋トレ

尻がシートに深く刺さっている。

レッグプレスは、大臀筋、大腿四頭筋、ハムストリングスなど、下半身を広範囲に鍛えることのできるマシントレーニングだ。

ただ、このトレーニングもちょっとしたやり方の違いで「ざんねん筋トレ」と「ロジカル筋トレ」の差がついてしまうことになる。

両者を分けるいちばんのポイントは、お尻をシートから浮かせるか浮かせないかだ。

「ざんねん筋トレ」の人は、「足」にフォーカスを置いて、両足で強く板を押そうとしている。そのため、押しきってひざを伸ばしたときにシートからお尻が浮いてしまいがちなのだ。しかし、お尻が浮いてしまうと、尻の大臀筋や太ももの大腿四頭筋にあまり力が入らなくなり、トレーニング効率がガクンと下がってしまうことになる。


では、どうすればいいのか。

じつは、レッグプレスでフォーカスを置くべきは、自分の「足」ではなく「尻」なのだ。

このトレーニングをロジカルに行なっている人は、尻をベンチシートにぴったりとくっつけ、尻でシートを強く押し込んでいる。つまり、骨盤の力でシートをグイッと押し込み、その押し込んだ力の反作用によって足でプレートを押しているのだ。

より強く骨盤で押すには、尻の先端をシートの角に差し込むように入れ、（足で重みを感じるのではなく）骨盤にどっしりとした重みを感じながら両足で板を押すようにしていくといい。そうすれば、大臀筋、大腿四頭筋、ハムストリングスなどにしっかりと力が入り、これらの筋肉を広範囲に効率よく鍛えていけるはずだ。

なお、みなさんお気づきのことと思うが、このレッグプレスの場合、尻が「地面（シート）を押し込む役割」を担っている。尻で地面（シート）を強く押し込めば押し込むほど〝地面反力〟が得られ、それが足で板を押す力へとつながっていくのだ。だから、ぜひシートを地面のように捉え、地面（シート）から力をもらうようなつもりでトレーニングを行なうようにするといいだろう。

〈レッグカール〉
つま先の向きで「鍛えられる部分」が変わってくる

ざんねん筋トレ

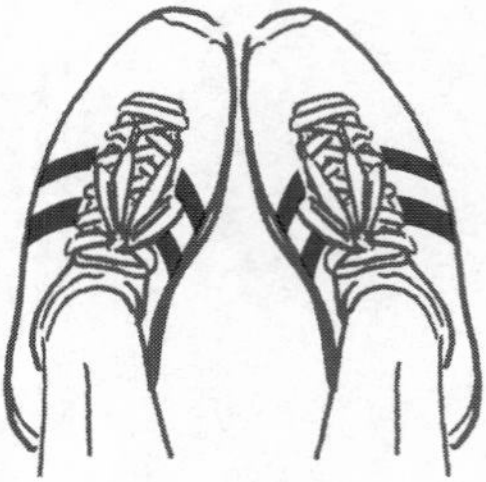

つま先が内側に
向いている。

つま先が外側に
向いている。

つま先が左右どちらかに
そろってなびいている。

鍛えられる筋肉➡ ハムストリングス

ロジカル筋トレ

つま先がそろってまっすぐ上を向いている。

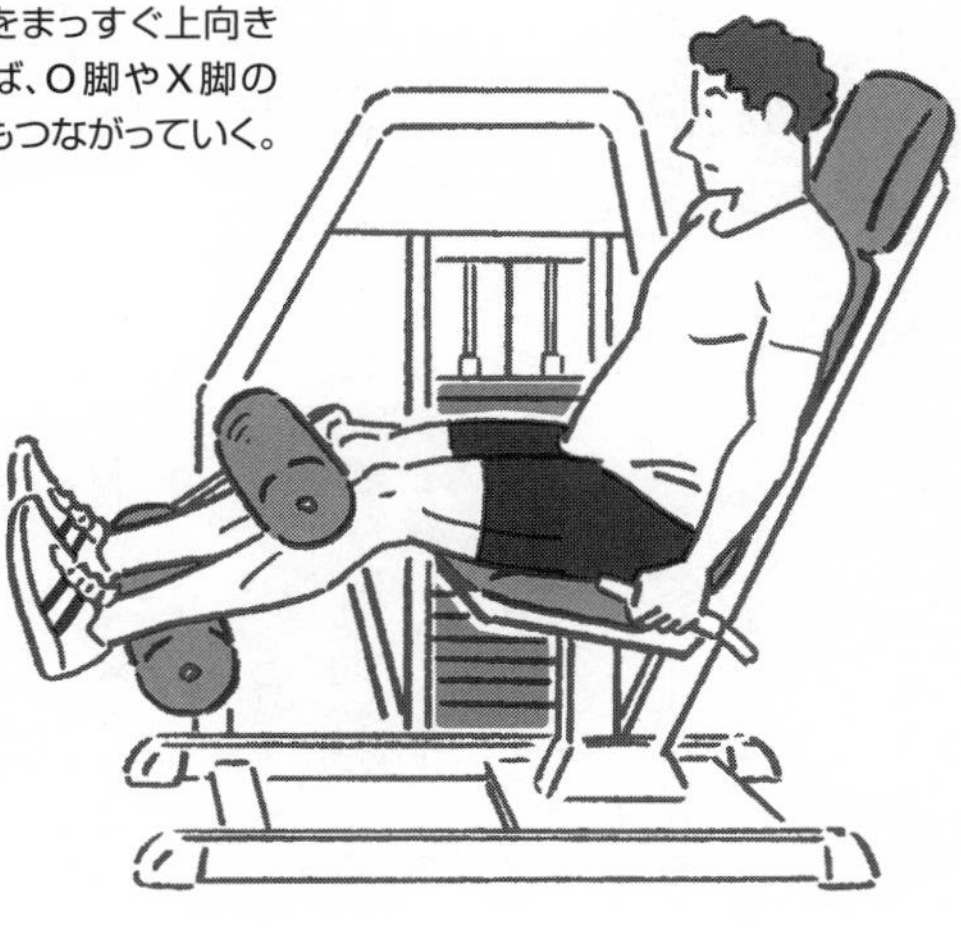
つま先をまっすぐ上向きにすれば、O脚やX脚の改善にもつながっていく。

レッグカールは、足の裏側のハムストリングスを鍛えるためのマシントレーニング。ベンチシートに腰かけ、負荷を加えた状態でひざを曲げるマシンが一般的だ。ベンチシートにうつぶせになってひざを曲げるタイプもある。

このトレーニングで「ざんねん筋トレ」と「ロジカル筋トレ」とを分けるポイントになるのは「つま先の向き」である。

じつは、ハムストリングスは「外側1本」「内側2本」の3本の筋肉で構成されていて、レッグカールでは、つま先の向きによってどちら側の筋肉が鍛えられるかが変わってくるのだ。すなわち、つま先を外側に向けてレッグカールを行なっていると、ハムストリングスの外側ばかり鍛えられることになり、つま先を内側に向けていると、ハムストリングスの内側ばかりが鍛えられることになる。

また、仮に左足のつま先を外側に、右足のつま先を内側に向けた状態でレッグカールを行なっていると、「左足の外側と右足の内側」といったようにアンバランスな鍛えられ方になってしまうことになる。

では、こうした偏りを防ぐにはどうすればいいのか。

それには、つま先をまっすぐにした状態でレッグカールを行なうように習慣づけていくことだ。つま先をまっすぐにしていれば、ハムストリングスの外側も内側も均等に鍛えていくことができる。もし、「自分はとくに内側を鍛えたい」とか「自分は外側を集中的に強化したい」などといった特別な狙いがないのであれば、やはりハムストリングス全体をバランスよく鍛えるのを基本にしていくべきだろう。

それと、みなさんの中にはO脚やX脚にお悩みの人もいらっしゃるかもしれない。そういう人は、よりいっそう「つま先まっすぐ」を意識してレッグカールに取り組むようにするといいだろう。

ハムストリングスの外側と内側の筋力バランスは、ひざ関節の障害にも影響を及ぼしていることが多い。だから、つま先をまっすぐにしてハムストリングスをバランスよく鍛えることが、ひざ関節の障害の予防につながっていくのである。そうすれば、O脚やX脚を矯正していくのにも役立つはずだ。

ポイントは、つま先の向きに意味があることを考えているかどうかである。常に「なぜそのフォームなのか」を考えるクセをつけてほしい。

〈レッグエクステンション〉
軽い負荷でもいいからひざをまっすぐ伸ばす

ざんねん筋トレ

ひざを最後まで伸ばしきっていない。

鍛えられる筋肉➡　大腿四頭筋

ひざを最後まで伸ばしきっている。「ざんねん」より軽い負荷でもこちらのほうが内側広筋（ターゲットの筋肉）に負荷をかけられる。腰を丸めず、胸を張って頭ー腰のラインを一直線にする。

★さらにロジカル！

背もたれを調整し、上半身と下半身の角度を直角より大きくする。

大腿四頭筋は「大腿直筋《だいたいちょっきん》」「外側広筋《がいそくこうきん》」「中間広筋《ちゅうかん》」「内側広筋《ないそく》」の4つの筋肉から構成されている。

レッグエクステンションは大腿四頭筋を鍛えるトレーニングなのだが、じつはちょっとしたやり方の違いで「4つのうちの3つの筋肉を鍛えられる『ロジカル筋トレ』」と「4つのうちの2つの筋肉しか鍛えることができない『ざんねん筋トレ』」とに分かれてしまうのである。

ここでは「地面を押す」という目的ではなく、あくまでもボディメークやリハビリとしての大腿四頭筋の強化のための話である。

「ざんねん筋トレ」のほうから説明しよう。フィットネスクラブなどでレッグエクステンションを行なっている人々を見ていると、重い負荷をかけて、足を上がるところまで上げようとがんばっている人が多い。ひざは到底まっすぐ伸びるところまでは行かず、重いのをこらえて途中まで上げ、半端な位置で足を下ろすことになってしまう。

だが、このやり方で行なっていると4つのうちの2つ、外側広筋と中間広筋くらいしかちゃんと鍛えることができないのである。

じつは、レッグエクステンションを行なうなら、負荷を軽くしてもいいから、ひざがまっすぐ伸びるまで足を上げていくほうがいい。ひざがまっすぐの状態になるまで足を上げると、外側広筋と中間広筋に加えて、ひざの内面の内側広筋がよく使われるようになる。すなわち、4つのうちの3つを鍛えていくことが可能となり、より効率よくロジカルにトレーニングを行なえることになるわけだ。

たぶん、重い負荷を選んで歯を食いしばりながら上げられるところまで上げるほうが〝やってる感〟や〝がんばってる感〟は得られやすいのかもしれない。だが、より効率よく大腿四頭筋をトレーニングしたいのならば、軽めの負荷を選んでひざをまっすぐ伸ばして行なうようにしていくべきだ。「ざんねん筋トレ」に陥っている人は、ぜひやり方を見直していくといいだろう。

それと、もうひとつつけ加えておくと、レッグエクステンションは背もたれのシートを後ろへ倒し、上体を後方へ倒した姿勢で行なうと〝4つめの筋肉〟の大腿直筋も鍛えることが可能になる。上体を後ろへ倒して、太ももつけ根と腹部の角度が広がっている状態で行なうと大腿直筋に力が入りやすくなるのだ。

だから、このフォームでひざが伸びるまで足を上げてトレーニングを行なえば、大腿四頭筋の4つの筋肉を〝4つともすべて〟鍛えられることになる。

もっとも、レッグエクステンションはどの筋トレ教科書を見ても「太ももつけ根と腹部の角度を直角にしたフォーム」で行なうことが推奨されている。ただ、この「直角フォーム」だと大腿直筋にほとんど力が入らなくなってしまい、なぜこの非効率なフォームが推奨されるのか、私にはその理由がさっぱり分からない。

まあ、筋トレでロジカル性を追求していくと、時として「教科書通りに行なわないほうがいいケース」にぶち当たることも多いのである。みなさんも「必ずしも教科書が絶対ではない」ということを、頭の隅にとどめておくといいだろう。ポイントは「なぜそのフォームなのか」を考えているかどうか、という点である。

第5章　ロジカル筋トレで人は生まれ変わる

――大きなリターンを生む自己投資

「ハイスペックな自分」を維持するための筋トレ

最近の筋トレブームを牽引しているのは、アスリートよりも、むしろビジネスパーソンなのかもしれない。

私のトレーニング指導を受けに来る人も、アスリートだけでなく、ここ数年でビジネスパーソンがかなり増えた。その中には、日々分刻みのスケジュールでハイレベルな仕事をこなしている「エグゼクティブ」と呼ばれるような人々も少なくない。

彼らはどんなに忙しくても、トレーニングの時間はしっかりとる。もっとも、日中は多忙を極めるので、彼らがトレーニングをする時間帯は早朝であることが多い。朝の早い時点でがっつり筋トレをすると、その日の午前中の仕事をものすごいエネルギーで進めることができるのだという。

どうやら、「早朝筋トレ」の習慣は、ビジネスにおける時間の流れを変えるようだ。朝早く汗を流すと、もう朝の6時、7時くらいにはベストパフォーマンスを出せる状態になっていて、他の人がまだ寝ぼけまなこであくびをしているような時間帯にガンガンに飛ばして仕事を進めることが可能となる。なかには、他の人たちの仕事の動きがスローモーションに見えるという人もいる。

早朝に限らず、どんなに忙しくても、日中の仕事の合間にトレーニングの時間を確保してジムにいらっしゃる人もいる。トレーニングすることも自己管理の一環であり、ビジネスパーソンに必要なものであるという考えなのである。

それにしても、こうしてトレーニングで汗を流すエグゼクティブの人たちは、筋トレにいったいどんな成果を求めているのか。

話を聞いてみると、やはり日々のハードな仕事に耐えられるように常に自分の体をしっかり管理しておきたいという思いが強いようだ。

もちろん、「もっと筋肉を太くして理想のボディに近づけたい」「他人から一目置かれるような細マッチョの体型を維持していたい」といった願望もあるのだが、単に筋肉をつけるというだけではなく、「忙しい日々を生き抜くために自分という人間を常にハイスペックな状態にキープしていたいから、そのために筋トレをやっている」といった考えを持っている人が多い。

つまり、筋トレがハイレベルな日常生活を送るための、欠かせない手段になっているのである。

実際、食事や歯磨きとほとんど同じような感覚で、トレーニングは「どんなに忙しくても必ずやることのひとつ」として日々のスケジュールに組み込まれていることが多い。そうやって毎日自分をしっかり管理しているからこそ、彼らは人を動かし、ビジネスを動かし、エグゼクティブと呼ばれるにふさわしい活躍をすることができるのだろう。

私は筋トレには、人を変えていく大きな力があると考えている。筋肉を盛り上げたり運動能力を上げてパフォーマンスを向上させたりするだけではなく、その人を人間として成長させて、日々たくましく生きていく力をつけてくれるような、そんな大きなパワーが宿っていると考えている。

こうした筋トレの力は、きっとビジネスや人生においてよりいっそうの成功をもたらすきっかけとなるに違いない。この最終章では、こういった筋トレの「人を変えていく力」にスポットを当てていくことにしよう。

筋トレもビジネスも「PDCAサイクル」を回すことが大事

筋トレには、非常に多くの面でビジネスとの共通項がある。

たとえば、エグゼクティブ系のトレーニング愛好者は、筋トレのことを「ワークアウト」と呼ぶことが多い。

ワークアウトにはもともと「課題をこなす」「やるべきことをやり切る」といった意味合いがあり、例を挙げれば、「さあ、今日はスクワット3セット、レッグプレス2セット、ランジ2セットのワークアウトをするぞ」というように使われる。だから、その日に予定していたメニューを全部消化できれば、「今日のワークアウト、完了」という感覚になるわけだ。

つまり、彼らにしてみれば、筋トレでのワークアウトは、その日のビジネスで自分がやるべき課題を解決してひとつひとつ片づけていくのと何ら変わらないのである。日々自分の課題をこなして、計画的に成果を積み重ねていくという点では、筋トレもビジネスもまったく同じだと言ってもいいだろう。

それに、ビジネスの世界では、効率よく成果を上げていくために「ＰＤＣＡサイクル」を回していく姿勢が重視されている。

ご存じの人も多いと思うが、ＰＤＣＡは「計画（プラン）」「実行（ドゥー）」「評価（チェック）」「改善（アクション）」の略であり、まず目標や計画を立て、次に行動に移してみて、その行動の結果を評価して、課題点を改善しながらビジネスを進めていくという方法論である。こういうサイクルで業務を進めていくのが着実に生産性を上げていくための基本とされているのだ。

このPDCAサイクルの流れは、ロジカル筋トレで成果を上げていく場合もまったく一緒だ。すなわち、最初に長期的なトレーニング計画を立て、その計画通りにトレーニングを実行し、しばらくしたら筋トレ効果が上がっているかどうかをチェックして、見直すべき点があれば改善をして適宜レベルアップをしたりレベルダウンをしたりしていく……。こうしたサイクルを回していけば、トレーニングの成果を効率よく上げながら自分の目的へ着実に近づいていくことができるわけだ。

このため、私のもとに指導を受けに来るビジネスパーソンは、「筋トレで計画的に成果を出していく流れ」の説明を受けると、〝深く納得がいった〟という顔をすることが多い。なかには「効率よく成果を上げるコツはわれわれがやっている仕事とまったく一緒なんですね」と驚嘆の声を上げる人も少なくない。

ちょっと典型的な例を挙げてみよう。

まったくトレーニング経験のないビジネスパーソンが私のもとに指導を受けに来るというケースだ。その人は肥満体型で筋肉も少ないが、「脂肪を落としたい」「マッチョになりたい」というふたつの願望を同時に叶えたくてトレーニングにやってきたとしよう。私は、そういう人には、今後の計画をだいたい次のように話すことにしている。

「筋肉と脂肪は別ものなので、筋肉をつけるトレーニングと脂肪を落とすトレーニングはまったく異なります。筋トレをしても脂肪は減らないんです。

もし、1年間の期間がとれるなら、最初の8か月は筋肉を大きくするトレーニングに専念しましょう。少し脂肪がついているほうが筋肉は早く発達するから、そのほうが好都合なんです。

そして、ある程度筋肉がついてきたら、その時点から脂肪を落とすトレーニングに変更していきます。筋肉がついているほうが脂肪が落ちやすいので、きっと効率よく落としていけるはずです。だから、いまは筋肉をつけることに専念して、8か月後から一気に体脂肪を減らしてカッコよくしていきましょう」

このように筋道立ててトレーニング計画を話すと、ほとんどの人が〝得心がいった〟という顔をするのだ。おそらく、ビジネスパーソンには、いまの自分がどの位置にいて、いまどんなことをすれば、いつ頃どのような展開になっていくかが分かるということが心地よく響くのだろう。

とにかく、仕事も筋トレも、無計画にやったり非合理な方法でがむしゃらにやったりしても成果は上がらない。「なぜ、これをやるのか」というロジカル性がベースにないと、モチベーションも上がらないし、的外れなことばかりに時間を割いて、めちゃくちゃ大きな遠回りをするハメに陥りかねない。

だから、仕事も筋トレもしっかり計画を立て、自分の目的を見据えて合理的に行なっていく姿勢が必要なのだ。

「自分をマネジメントする力」が試されている

エグゼクティブと呼ばれるようなビジネスパーソンは、ほぼ例外なく自分の体のマネジメントがしっかりできている。しかも、ハイレベルな活動をしている人ほど、自分の体をしっかりケアしてマネジメントしていこうという意識が高い。

よく知られた話だが、ニューヨークのエグゼクティブには、肥満体型の人も喫煙者もいないと言われる。なぜなら、肥満であったり、タバコを吸っていたりしたら、その時点ですぐに「自分の体すらマネジメントできない人物」というレッテルを貼られてしまうからだ。つまり、「自分のことすらマネジメントできない人に、このビジネスをマネジメントできる力があるわけがない」と見なされてしまうわけだ。

だから、ニューヨークのエリートビジネスパーソンは暇さえあれば筋トレに励む。つまり、彼らが日々のトレーニングでメリハリのついたボディをキープするのは「私には自分の体をマネジメントする力がありますよ」という証しのためであり、「私はビジネスでも優れたマネジメント力を発揮することができますよ」というアピールにもつながっているわけだ。

ニューヨークほどではないにしても、最近は日本のビジネス界にも同じような空気が色濃くなってきているようだ。

毎日ハードな仕事をこなしながら筋トレでメリハリのあるボディをキープしていくには、さまざまなマネジメント力が問われることになる。忙しい中でトレーニング時間を捻出するにはかなりのタイムマネジメント力が必要だし、その時間をつくるには日中のビジネスを段取りよく進行させていくマネジメント力も必要だ。それに、健康体を維持していくには、筋トレだけでなく、日々の食事・睡眠・ストレスなどをしっかり管理してマネジメントしていく力も必要になってくるだろう。

きっと、エグゼクティブと呼ばれる人たちには、一流になるにはこういう自己管理力が備わっていて当然という意識があるに違いない。また、筋トレにおいてもビジネスにおいても、納得のいく成果を生むには「揺るぎない自己マネジメント力」が必要不可欠であることを重々承知しているのだろう。

こうした自己マネジメントは、ビジネスエリートの彼らだからできることであって、誰にでもそう簡単にマネできることではないのかもしれない。

もっとも、彼らが筋トレをルーティンにしながらビジネスや社会で活躍していく姿を見ていると、「日々筋力トレーニングをする」という行為そのものが、自身のマネジメント力を鍛えてビジネスや社会で成功を勝ち得ていくための、格好のトレーニングになっているような気がする。

そもそも筋トレには「自分の肉体を自分でいじめ抜く、きつくてつらい試練」のような側面がある。その「つらい試練」を乗り越えるには、やはり自分を奮い立たせたりコントロールしたりしてうまく自己マネジメントをしていく力が必要となる。要するに、彼らにとって「筋トレで成果を出すこと」は、自分をしっかりマネジメントしてビジネスや社会で結果を出していくための練習台のようなものなのだ。

言い換えれば、われわれにとっても、日々の筋トレは、自分を律する力をつけ、ビジネスや社会で成功を勝ち得るマネジメント力を養っていくための〝非常にいいトレーニング機会〟だということになる。

だから、ぜひみなさんも日々筋トレを行なって、自分をマネジメントする力を鍛えてはいかがだろう。

そしてそのためには、トレーニングは常に「なぜこれをやるのか」を考えつつ、計画的・論理的に行なっていかなくてはならない。つまり、この先みなさんが成果や成功を望むのならば、筋トレは絶対にロジカル性を重視して行なっていくほうがいいのである。

筋肉は自分を証明してくれる

筋トレを愛好するビジネスパーソンふたりが仕事か何かで偶然に顔を合わせたとしよう。そういうとき、トレーニングをやり込んできた者同士であれば、たとえ初対面のまったく知らない仲であっても、相手の体つきをパッと見ただけでその人がどれくらい筋トレに励んでいるかが分かる。

すると、「お、けっこうやってますね」「はあ、まあそこそこやってます」といった共通の仲間意識を持つことができる。

筋トレフリークにとって肉体は共通言語のようなものであり、互いの筋肉の盛り上がり方を見れば、その人が日々どれだけ鍛錬を積んでがんばってきたかが分かるのである。筋肉をひと目見ただけで「同じ道を辿ってがんばってきた仲間だ」という認識が生じるため、ふたりが打ち解けるのにもまったく言葉はいらない。

つまり、筋肉が「自分が何者であるか」を「名刺」や「肩書」以上に雄弁に語ってくれる存在になっているのだ。トレーニング愛好者にとって、筋肉は「自分が自分であること」を物語ってくれるツールである。前の章でも述べたが、自分が何者かを証明する身分証明書のようなものと言ってもいいだろう。

こうした傾向を他人に説明する際、私は、よく「筋肉って自分のアイデンティティーを確立させるものなんですよ」という言い方をする。

アイデンティティーとは「自己同一性」のこと。すなわち、「この筋肉があってこその自分だ」「この筋肉がないと自分じゃない」というくらい、自分自身を語るのに欠かせない存在になるということだ。

もちろん、こうした感覚は、ある程度自分の筋肉に自信がある人しか持ち得ない。ひょろっとした体つきの人や筋肉のなさにコンプレックスを抱いている人には、「筋肉こそが自分を語る」という感覚は分からないかもしれない。
しかし、トレーニングによってある程度筋肉がついて、自分の体に自信がついてくると、「これこそが自分だ」「この体でなければ自分じゃない」という気持ちがむくむくとふくらんでくるものなのである。

コロナ禍で〝トレーニング難民〟となった人の胸中

実際、私自身がそうだった。私は子どもの頃から体格がよく、小学校時は背の順で並ぶとずっといちばん後ろだった。小学2年生のときから柔道教室に通っていて、中学でも柔道部に入ったのだが、中1の時点で中3よりも強かったので部の中に戦う相手がいなかった。それで私がどうしていたかというと、柔道部の練習時間中、ずっと部屋の隅で筋トレをしていたのである。

すると、日ごとに筋肉が太くなり体も強くなって、柔道の対外試合でもちょっとした成績を残せるようになり、周りが「すごい」「すごい」とほめてくれるようになる。父親もよろこんで私にバーベルを買い与えてくれたりする。それで私は、部活でも家でも筋トレをするようになり、トレーニング時間が増えるとともにどんどん自分の体に自信をつけて、いろいろな面で自分に自信を持つようになっていった。いま思えば、私はもうその頃から「この筋肉があってこその自分だ」「この筋肉がないと自分じゃない」という感覚を抱いていたような気がする。

つまり、私の自我は筋肉の成長とともに形成されたようなものであり、アイデンティティーも筋肉の成長によって確立したようなものなのである。

ただし、その頃はロジカルな筋トレではなかったため、筋肉はついたが柔道はそれ以上強くならなかった。

このように、自分の筋肉に自信がついてくると、人は自然に変わっていくものなのだ。

私はこれまで数えきれないほど多くの人々のトレーニング指導をしてきたが、どの人も自分の筋肉に自信がついてくると、だんだん顔つきが誇らしげな感じに変わってくる。それはきっと、「この筋肉がついていてこその自分だ」という自分自身を語り得るアイデンティティーを得られたことが大きく影響しているのではないか。なかには、まるで強力な武器をゲットしたかのように、筋肉がつくとともに自信やたくましさをまとっていく人も少なくない。

おそらく、みなさんの中にも「マッチョになっていないと自分ではない」「この太い腕、この厚い胸じゃないと自分じゃない」と思っている人が少なくないだろう。

とりわけ、周りの人から「筋肉すごいね」「鍛えてるんだね」と言われ続けて、自他ともに〝筋肉系の個性イメージ〟が定着してくると、「筋肉というアイデンティティーがあること」や「筋肉というアピールポイントを備えていること」が、だんだん自分にとっての「支え」や「拠《よ》りどころ」のようになっていく場合が多い。

そして、そうなると、次第に筋肉を失うことが怖くなってくる。トレーニングできない日が続いて筋肉が細ってくると、〝自分が自分でなくなってしまう〟ような不安に駆られることが多くなるのだ。なかには、仕事が忙しくて数日間トレーニングができなかったというだけで心配になってくる人もいる。

そう言えば、新型コロナウイルスの第1波で緊急事態宣言が発出され、東京の飲食店や娯楽施設が営業自粛を求められていた頃、都内近郊のスポーツジムやフィットネスクラブも軒並み営業を控えざるを得ない苦しい状況になった。

すると、ジム施設で筋トレを行なうことができなくなった人たちが、まるで〝トレーニング難民〟のように茨城や栃木といった近県のスポーツ施設に押し寄せたというニュースを見たことがある。

そのときのニュースの伝え方は、〝この非常時にトレーニングくらいで遠距離移動をするなんて、なんと不謹慎な人たちなんだ〟という感じだったように記憶している。ただ、その行動がいいか悪いかは別の話として、私には〝トレーニング難民〟となって茨城や栃木まで足を延ばした人たちの気持ちが分からなくもない。

きっと、その人たちはこれ以上トレーニングができないと〝自分が自分でなくなってしまう〟という不安に駆られていたのだろう。筋トレ愛好者は、それくらい自分が築いてきた「筋肉というアイデンティティー」を失いたくないものなのである。

筋肉とともに変わっていったフリーターA君

ちょっとここで、「ロジカル筋トレ」を行なって、大きく変貌した人の例を挙げておくことにしよう。

私はいまのトレーニングジムをオープンする際に、何人かのモニター学生を筋トレ指導したことがある。じつは、ジムのオープンを宣伝するため、「3か月間のトレーニング指導でこんなに変わった！」という記事を写真つきで載せたいと思い、モニターを集めて3か月間集中的にトレーニング指導をしたのだ。

集まった学生たちは、高校まではかなり運動していたが、いまではすっかり肥満体型になってしまっていた。ここで紹介するのは、そのちょい肥満学生の中のひとり、A君である。

A君は、あまり大学にも行かず、居酒屋でアルバイトをして生計を立てていて、実質的にはフリーターだった。親からも親戚からも「お前、もうそろそろしっかりしなきゃダメだぞ」と言われ続けているような生活ぶりで、かと言って別に就職活動もしておらず、なんとも宙ぶらりんな状態だった。モニターに応募してきた理由も「女性にモテたいから」という単純なものだったように思う。

ところが、筋トレ指導をスタートして2か月が過ぎた頃、少しずつ目に見える成果が現われ始めたあたりから、A君はみるみる変わっていったのである。「トレーニングをがんばれば、自分を変えられる」ということに気づいたのか、とても熱心にトレーニングに取り組むようになり、私の指導をすべてきちんとこなし、筋肉を着実に太くして一歩一歩ステップを上っていけるようになった。

そして、目標にしていた3か月が経った頃には、人前で脱いでも全然恥ずかしくない体つきになり、顔つきにも自信があふれ、姿勢もよくなって、ちょっとした動作や振る舞いにも堂々とした雰囲気を感じられるようになった。

私はトレーニング成果を評価する際にわりと辛い点をつけるほうなのだが、そんな私の目から見ても「トレーニングを始める前のA君の写真」と「3か月後のA君の写真」を比べると〝まるで別人じゃないか〟というくらいに変わった。体はもちろんだが顔つきがまるで変わったのだ。

ただ、それで終わりではないのだ。その後、A君は大学を卒業した。居酒屋のアルバイトのほうは続けていたのだが、筋肉のついた体でのソツのない働きぶりが目についたのか、「この居酒屋で店長をやってみないか」という話を持ちかけられた。で、店長なのにアルバイトではいけないということで正社員にもなった。

そして、居酒屋を任されて店長として切り盛りをしていたら、その店に来ているお客さんから気に入られて、なんと「君に店を一軒持たせたいんだ」という申し出を受けた。その人から、「君に出資をするんだ。お金はこっちで出すから、あとは好きにやっていいよ」と言われて、とうとうA君はワインバーの店長になった。

いま、A君はそのワインバーを経営している。私もたまに寄らせてもらっているが、味も雰囲気もとてもよく、かなり賑わっているように見える。それに「女性にモテたい」と

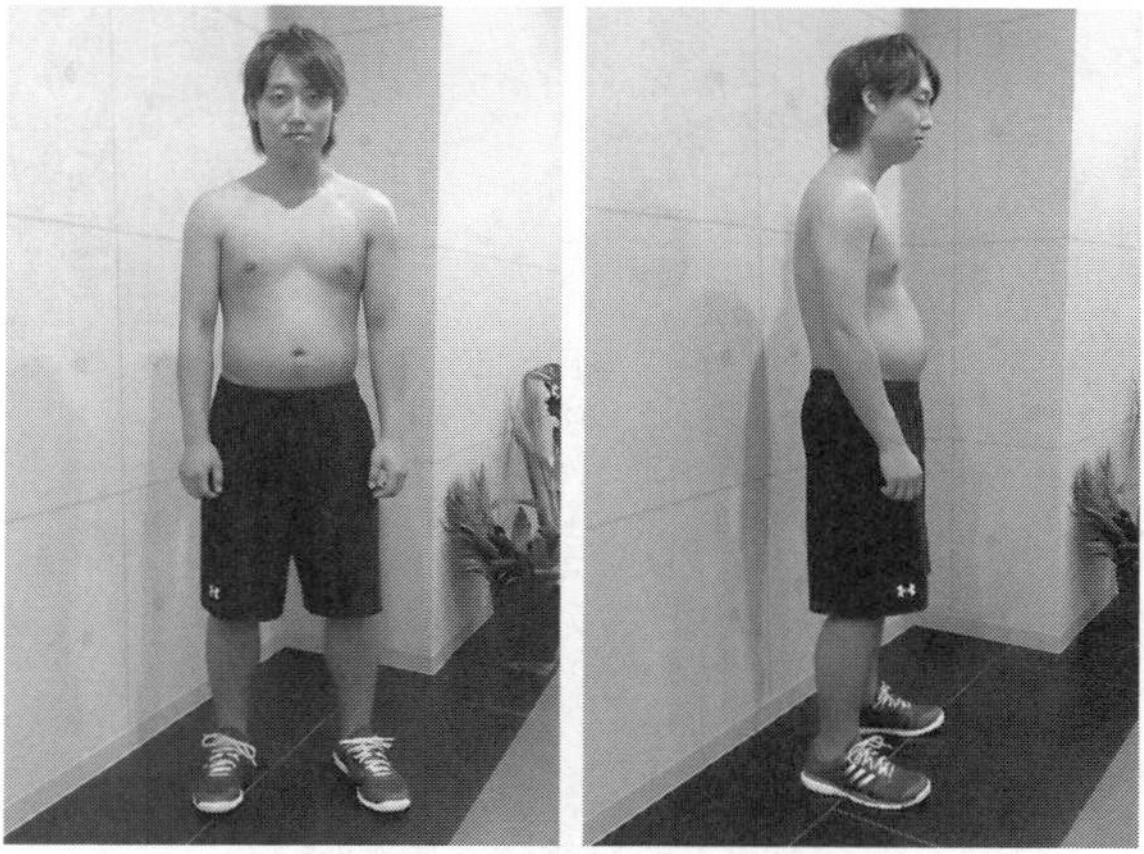

トレーニング前のＡ君。ぽっちゃりとした肥満体型で猫背が目立つ。

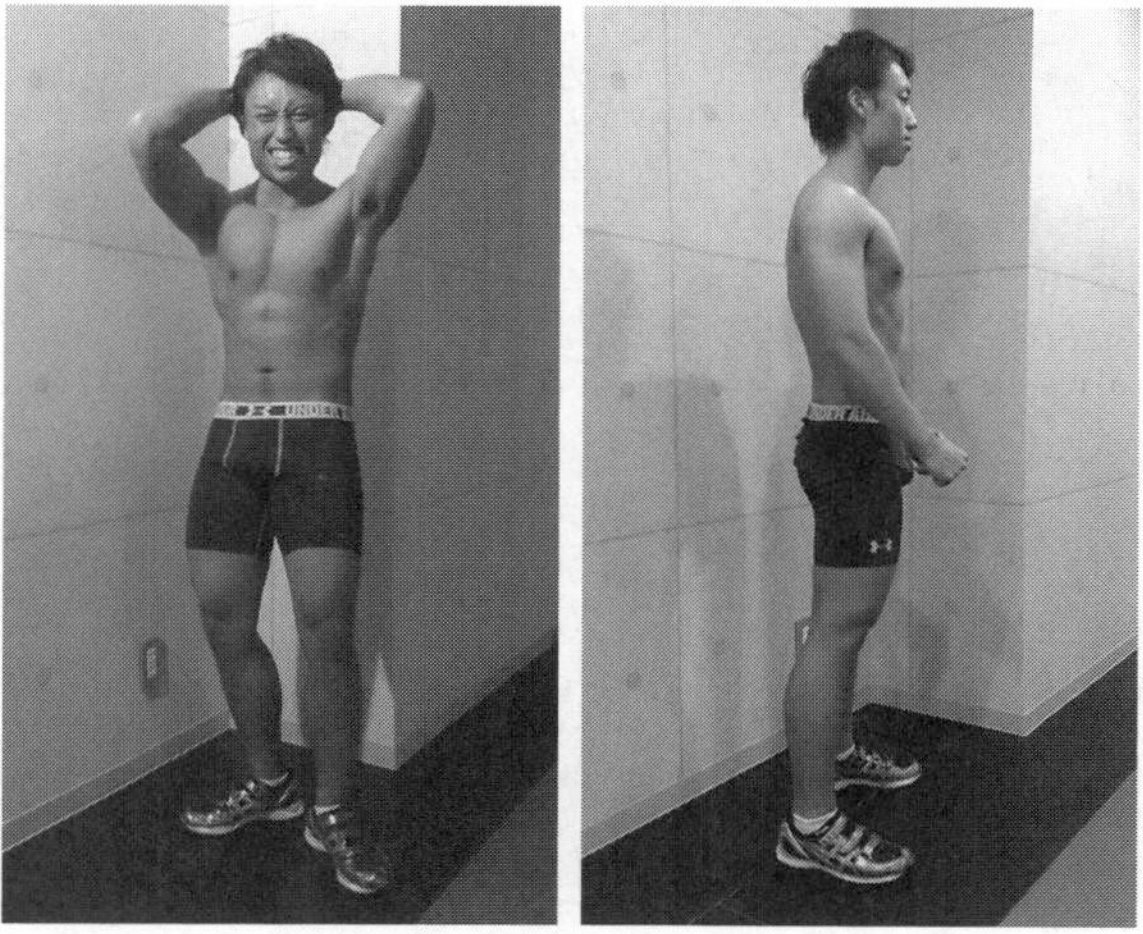

トレーニング開始から3か月後のＡ君。筋肉がつくとともに自信にあふれた顔つきになり、姿勢がよくなったので背が伸びたように見える。

いうA君の当初の目的も、どうやら叶えることができたようだ。もっとも、なぜか40代のミドル系女子ばかりからモテるらしいのだが……。

筋トレには人を大きく変える力がある

ともあれ、このように、A君の人生は筋トレに取り組んだのをきっかけにどんどんよい方向へ開けていくようになった。

もちろん、A君がここまで大きく変われた要因は、筋トレだけのせいではないだろう。もしかしたら、人知れずステップアップのための努力をしていたのかもしれないし、もともと「他人から才覚を認められるような資質」があったのかもしれない。

ただ、私はやはり、筋トレには「人を変えていく力」があると信じたい。

筋トレは人に自信をつける。日々のトレーニングで筋肉がふくらめば、それとともに自信もふくらんでいく。そして、「これこそが自分なんだ」というアイデンティティーが確立されていく。

それに、筋トレではマネジメント力が鍛えられる。試練に立ち向かったり、壁を乗り越えたり、自分を奮い立たせたり、自分を抑えてコントロールしたり――そうやって日々自分を律しながら計画的に筋肉をつけてトレーニング成果を出していくことが、その人にさらなる自信をもたらすようになっていく。こうした好循環がその人を大きく成長させることへとつながっていくのだ。

おそらく、A君の身にも、こういった筋トレの「人を変えていく力」が相乗的に働いていったのではないだろうか。

とにかく、A君は筋トレを通して大きく変貌した。顔つきも、心持ちも、意欲や集中力も、仕事や生活に取り組む態度も、筋トレに取り組む前とは別人のように変わった。

いまにして思えば、彼は「ビジネスパーソンなら誰でも採用したくなるような人材」「経営者なら誰が見ても手元に置いておきたいと思うような人材」へと〝脱皮〟をするように成長していったという気がする。だから、A君が馴染みのお客さんに見込まれて店を任されたときも、私は別に驚きはしなかった。むしろ、「なるほど彼ならそういう声もかかるだろうな」とさえ思った。

筋トレは人を変える。自分という人間に自信がついて、日々の仕事や生活でもしっかりとしたマネジメントができるようになっていく。筋トレをきっかけに、「イケてなかった人間」が「イケてる人間」へと変わっていくのである。

A君だけではない。私は、彼と同じように筋トレを通して人間力を高め、ビジネス界や社会へ大きく飛躍していった人たちをたくさん知っている。もしかしたら筋肉には「人を生まれ変わらせる力」が宿っているのかもしれない――ついそういう考えを巡らしてしまうほど、飛躍的な成長を遂げていく人が多いのである。

手っ取り早く自信を育むことが可能

人の自信は、いったいどこから生まれるのだろう。

広辞苑第七版では、自信とは「自分の能力や価値を確信すること」とある。私は思うのだが、自分の能力や価値への信頼度をもっとも手っ取り早く高められる手段が、筋トレなのではないだろうか。

私は、筋トレによって自信が深まるのは、「有能感」や「自己効力感」を得られるからだと考えている。

有能感と自己効力感は、似ているのだが少し違う。有能感とは、文字通り「私は有能であると感じる感覚」のことで、人が何かに取り組もうとする際、そのモチベーションをいちばん高く引き上げるのがこの感覚だと言われている。

トレーニングを愛好するみなさんにはお分かりいただけると思うが、筋トレをしていると、少しずつ筋肉がついてきたりパフォーマンスが上がってきたりして、「ちゃんと結果を出せている自分」「日々レベルアップしている自分」を感じることができる。すると、〝お、自分、けっこう有能じゃん〟といった気持ちがふくらみ、「もっとやりたい」「もっと続けたい」というモチベーションが湧き上がってくる。

すなわち、有能感を覚えるようになると、自分の能力に希望を見出し、もっとそれを引き出していきたいという気持ちが湧いてくるわけだ。これをトレーニング業界では「内発的に動機づけされている状態」と言う。

一方、自己効力感は「セルフエフィカシー」とも呼ばれ、「自分はこれくらいならできる」という見込みや予測を立てられる感覚のことを指す。言わば、走り高跳びなどで〝これくらいのハードルなら軽く跳べるさ〟〝これくらいの高さなら楽勝だよ〟と思うことのできる感覚だ。自己効力感があると「自分の能力ならきっと成功させることができる」という見込みを立てられるようになるのだ。人は、自己効力感が強いほど行動エネルギーが高まると言われている。

なお、この感覚は「できた！」という経験を何度も繰り返すことによって大きく育まれていくことになる。

筋トレは小さな成功の積み重ねだ。とりわけロジカル筋トレでは、一歩一歩小さなステップを着実に成功させながら目的へと近づいていくスタイルを重視している。当然、一段一段ステップを上がっていると、「できた！」→「じゃあ次」→「またできた！」→「じゃあまた次」といった具合に、ステップをクリアするたびに「できた！」という達成感を繰り返し味わえることになる。

つまり、こういった「できた！」の繰り返しによって、「自分ならきっとできる」という自己効力感が醸成されていくのである。

この感覚が大きく育ってくると、筋トレだけでなく仕事や生活のさまざまなシーンで「自分ならできる」という感覚を持てるようになってくる。すなわち、いろいろなシチュエーションで「これくらいの仕事、自分ならできる」「このレベルなら自分は確実に成功させられる」といった見込みを立てられるようになっていくわけだ。

このように、有能感や自己効力感を持てるようになると、人は自分自身の能力や価値に対してどんどん信頼を深められるようになっていく。そして、こうした「自分への信頼」が自信を高めることへとつながっていくのだ。

顔や態度などに現われる自信は〝オーラ〟のように他人や周りの人が見てもすぐに分かるものだ。そういう〝オーラ〟をまとった人を見れば、ビジネスに携わる者なら誰でも仕事を任せたくなるし、重要な任務を与えたくなるのではないだろうか。

筋トレで自信をつけると人は大きく変わっていく。もし「自分を変えたい」という希望を持っている人に相談をされたなら、私は筋トレを行なうことを真っ先に勧めることだろう。

一流の人は「なぜ」にこだわる

ロジカル筋トレは、人の体だけではなく、人の思考や考え方をも変える——私はそう思っている。

日々筋トレを行なっていると、自分に自信がつき、その結果、何事もポジティブに捉えるようになったり、何事にも積極的にチャレンジしたりするようになる。それに、ストレス・トラブル・壁などの困難にぶち当たっても、少々のことでは挫《くじ》けない精神的打たれ強さも身についてくる。

ただ、ロジカル筋トレの場合はそれだけではない。日頃から論理的・効率的にトレーニングを行なっていると、だんだん普段の仕事や生活でも「ロジカルな思考や考え方」をするように思考回路が変わってくるのだ。

例を挙げると、どんなことに対しても「なぜこれをやるのか」の根拠を見つけないと気が済まなくなってくる。

プロテインを飲んでいる人は、なぜこのプロテインなのかの根拠を見つけないと気が済まなくなってくるし、ウォーキングをする場合は、なぜウォーキングをするのかの根拠を見つけないと気が済まなくなってくる。同じように、仕事でもなぜこのやり方でないといけないのかの根拠が気になってくるし、飲み会にしてもなぜ飲まなきゃならないのかの根拠が気になってくる。

それに、「いいからやれ」が聞けない人になってくる。きっと、上司やコーチから「いいからさっさとやれ」「つべこべ言わずにやれ」などと命令されたら、「なぜいまこれをするんですか？　理由を教えてください」と言い返したくてウズウズすることになるだろう。このように、自分の行動のひとつひとつに対して「なぜ」を求めるようになってくるのである。

もちろんこれは反抗的な人間になるということではない。理由が明確に分かれば「いまはつべこべ言わずにやらなければいけない」と納得できることもあるだろう。

「なぜ」を考えて論理的に行動するほうが、「よりよい結果」や「よりよいパフォーマンス」につながるという〝方程式〟が分かってしまうと、何に関してもその方程式を当てはめずにはいられなくなるのかもしれない。私がトレーニング指導をしているアスリートにも、こうした〝方程式〟を当てはめるクセがつくと、すべてのことに対してロジカルな根拠を求めるようになっていく選手が多い。

そう言えば、大打者イチロー選手は、シアトル・マリナーズで活躍していた頃、球場のロッカールームで硬いパイプ椅子にしか座らなかったそうだ。

メジャーのロッカールームでは選手たちがくつろげるよう、座り心地のいいフカフカのソファーも用意されている。それなのに、なぜイチロー選手は常にパイプ椅子にしか座らなかったのか――。その理由は「フカフカのソファーよりもパイプ椅子のほうが、坐骨《ざこつ》の支えで骨盤を立てて座れて、腰に負担がかからないから」だったそうだ。

つまり、当時のイチロー選手は「椅子に座る」という日常的行動にも明確な根拠を求め、自身のコンディション低下やパフォーマンス低下につながりそうな要因をことごとく排除していたというわけだ。

イチロー選手は自分の道をとことん極めていく求道者《ぐどうしゃ》タイプなので別格的存在なのかもしれないが、おそらく、一流の仕事ができる人、一流の結果を出せる人、一流のパフォーマンスを発揮できる人は、みんなこういった「なぜ」の根拠を追求するこだわりを持っているものではないだろうか。

「なぜ、何のためにやっているのか」が分からないまま行動をしている人は、自分が得られるであろう成果が見えていない人だ。逆に、自分が得られるであろう成果がクリアに見えている人は、どんな行動をするのにも、なぜ、何のためにやっているのかをことごとく追求せずにはいられなくなる。

私は、このように「なぜ」にこだわりだすのは、成功をつかむ第一歩だとも思っている。また、これは筋トレに限らず、ビジネスや社会での成功にも、人生の成功にも同様に言えることだとも思っている。

だから、ぜひみなさんも「なぜ」にこだわってトレーニングをしていってほしい。そうすれば、普段の仕事や生活での思考や考え方、行動がおのずと「なぜ」を求める方向へと変わっていく。きっと、「なぜ」にこだわる習慣は、みなさんが今後成果を出したり成功を収めたりするための絶好の足がかりとなるはずだ。

おわりに

なぜ筋トレをやるのか——。

その理由は人それぞれでいい。試合でいい結果を出すために鍛えている人、理想のマッチョボディを手に入れるために鍛えている人、仕事のパフォーマンスを維持するために鍛えている人、美容や健康のコンディションキープのために鍛えている人……トレーニングする目的は人それぞれだ。

もっとも、目的は違っても共通項はある。なかでも、いちばん大きな共通項は、「いま、筋トレにしっかり励んでおけば、近い将来、自分にとってとても大きな見返りがやってくる」ということだろう。

先にも述べたように、ロジカルに筋トレを行なうと、筋肉を大きくするだけでなく、自分という人間を大きく成長させて変えていくことができる。その人間的な成長や変化は、これからみなさんがそれぞれの人生を歩んでいく中でかけがえのない財産となっていくはずだ。この先どういう道を行くにしても、いずれ「ああ、あのとき筋トレをやっていてよかった」と振り返るときが来るのではないだろうか。

私は、筋力トレーニングは、自分の将来にとても大きなリターンを生む自己投資のようなものだと考えている。

これは、自分の将来に投資をするようなつもりで、いまのうちにトレーニングをがんばっておけば、いずれその投資が、自分の人生に役立つかたちで何倍にもなって返ってくるという意味である。そう遠くない未来を充実したものにしていくために、いまのうちにトレーニングをがんばっておきなさいというわけだ。

ただ、その自己投資は、やみくもにやっていてはいけない。投資にはリスクがつきもの。なぜ投資をするのかの意味もろくに分からないままやみくもにやっていたりすると、手痛い失敗をしたり大ケガを負ったりすることにもつながりかねない。

だからこそ、自分の目的をしっかり見据え、ロジカルな姿勢で投資というトレーニングを行なっていく必要があるのだ。

ロジカル筋トレは、日々トレーニングをがんばった見返りを、最短距離で効率よく手に入れられるようにしていくメソッドだ。これは言い換えれば、自分に投資をした日々のがんばりを、効率よく最大限のリターンにして戻ってこさせるためのメソッドだと言ってもいい。

きっとみなさんも日々ロジカルに筋トレを行なっていけば、いつか大きなリターンを受け取れるだろう。そのリターンは、みなさんの人生を充実させたり豊かにしたりしていくのに大いに役立つはずだ。

ここまで述べてきたように、ロジカルに考えて筋トレをする習慣がつくと、人は自分に自信が持てるようになり、自分の力を合理的に発揮できるようになって、どんどん「できる人間」へと変わっていく。

体に筋肉がつくだけではない。ロジカルな思考力や行動習慣が身について、普段の仕事や生活でも力を発揮できるようになっていく。すると、他人や周囲からも評価されるようになり、自分の周りのいろいろな物事がいい方向へ回り出すようになっていく。そして、スポーツでも、ビジネスでも、生活でも、人生でも、生まれ変わったように自分の力を発揮できるようになっていくのだ。

だからみなさん、このトレーニングを自分のために生かしていこう。

ロジカルであれば、自分が求める目的に最短でたどり着くことができる。ロジカルであれば、自分がなりたい自分に変わっていくことができる。ロジカルであれば、自分を「できる人間」「うまくいく人間」へと生まれ変わらせていくことができる。

さあ、もう遠回りをしている場合ではない。もう結果が出ないことに悩んでいる場合ではない。

筋トレはロジックだ。ロジカル筋トレこそが、最短距離で成果を出すための最高のソリューションなのである。

日々のトレーニングは必ず報われる。このメソッドを実行に移して「自分の望むもの」を最短で手に入れるようにしていこう。「なぜ、これをやるのか」を追求し、合理的に力を発揮するトレーニングを積んで、これからの自分の人生をよりいっそう輝かせていこうではないか。

著者略歴

清水　忍《しみずしのぶ》

トレーニングジムIPFヘッドトレーナー。

一九六七年、群馬県生まれ。

大手フィットネスクラブ勤務後、スポーツトレーナー養成学校講師を経て独立。

「なぜ」を追求するロジカルなトレーニング指導で、メジャーリーガー・菊池雄星投手らプロアスリートのパーソナルトレーナーとして絶大な人気を誇る。

NESTA JAPANエリアマネージャー、岩手スポーツアカデミー・サムズアップアドバイザー。

「Tarzan」監修などメディアでの活躍も多い。

幻冬舎新書 614

ロジカル筋トレ

超合理的に体を変える

二〇二一年三月二十五日 第一刷発行
二〇二四年十月 十 日 第五刷発行

著者 清水 忍

発行人 志儀保博
編集人 小木田順子
編集者 前田香織

発行所 株式会社 幻冬舎
〒一五一-〇〇五一 東京都渋谷区千駄ヶ谷四-九-七
電話 〇三-五四一一-六二一一(編集)
〇三-五四一一-六二二二(営業)
公式HP https://www.gentosha.co.jp/

ブックデザイン 鈴木成一デザイン室
印刷・製本所 株式会社 光邦

Printed in Japan ISBN978-4-344-98616-9 C0295
し-15-1

*この本に関するご意見・ご感想は、左記アンケートフォームからお寄せください。
https://www.gentosha.co.jp/e/